업장소멸

❹ 원혼의 세계편

中岡俊哉 著
安 東 民 編著

瑞音出版社

PHOTO.REPORT

4차원 세계의 공포

원혼의 세계

─念写·心霊実験─

심령해부 I

이 두장의 사진은 영국의 영능력자가 찍은 심령사진(心靈寫眞)이다.

여성의 머리 위에, 죽은 친구들이 나타나 있다. 이 영능력자는 이 장소라면 심령사진이 찍힐 것이라는 걸 역사한 다음 촬영한 것이나, 가짜(필름을 뒤바꾸는 일)라는 오해를 받지 않기 위하여 필름에 입회인의 싸인을 받았다.

다른 한장은 남성의 할아버지가 찍혀 있었다.

심령해부 2

1940년대에 영국의 심령연구가(사진 전문가)에 의해 촬영된 영국심령협회의 공인된 심령사진이다.

뒷쪽 벽에 찍힌 다섯 개의 영(靈)의 얼굴은 가운데에 있는 사람의 육친(肉親)이나 친구였음이 확인되었다.

각 사람들이 이 사진을 찍기 수년전에 죽었다는 것이다.

심령해부 3

이것은 브라질의 심령연구협회가 인정한 심령사진이다. 오른쪽에 서있는 엑토프라즘에 싸인 여성은 죽은 딸의 영체(靈體)로 중병을 앓고 있는어머니의 머리맡에 나타난 것이다. 이 사진은 영능력자가 초령(招靈)을하면서 촬영한 것으로 몇사람이 동시에 육안으로도 목격하였다고 한다. ➡

⬆

심령해부 4

미국에서 초령(招靈)실험에 의해 촬영된 심령사진이다. 영능력을 지닌 남성의 머리 위에 두 사람의 여성의 얼굴이 찍혀 있는데 이 남성과는 전혀 관계없는 사람인 듯하다. 이 사진에 대한 평가도 갖가지였으나 완전히 부정되지는 않았다.

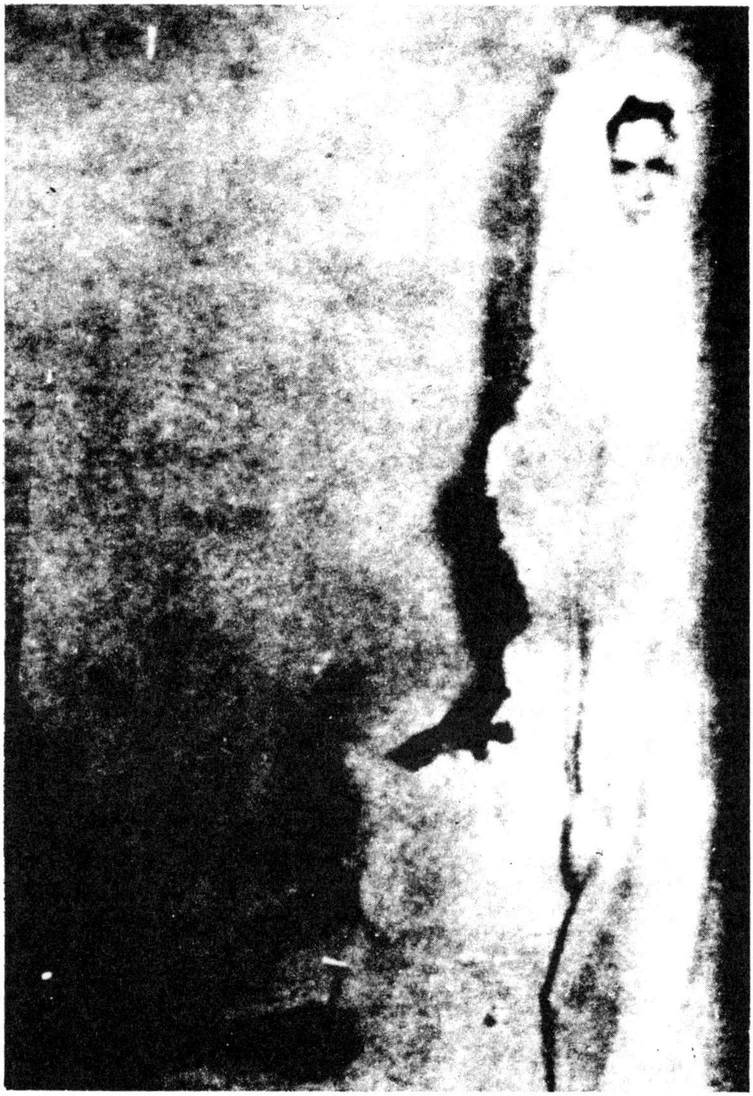

심령해부 5

미국인 영능력자를 사진으로 찍었더니, 배후에 여섯사람의 얼굴이 찍혀 있었다.

이 여섯 얼굴 중에, 둘 만은 꽤 오래 전에 죽은 사람임이 확인되었다. 허나 다른 네 얼굴에 대해서는 분명치 않다고 한다.

너무 뚜렷하게 나타났으므로 속임수가 아닌가 하기도 했으나 뚜렷하게 속임수로 찍은 사진이라고 단정할 만한 증거도 없다.

심령해부 6

이들 두장의 사진은 심령사진이다. 죽은 사람을 마음으로 생각하면서 카메라를 자기 자신의 얼굴을 향하여 셔터를 눌러 찍은 사진이다.

A. 미국사람이 죽은 조상의 영(靈)을 찍은 것이다. 오른쪽 위 아래로 두 사람. 왼쪽에 얼굴 반쪽이 두사람이다.

B. 영국 사람이 죽은 가족을 마음 속으로 생각한 것이지만 네 사람이 분명히 나타나 있다.

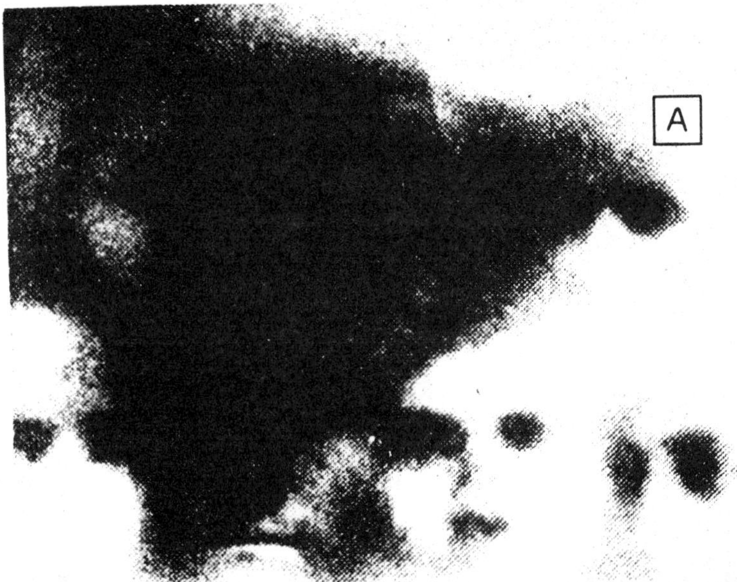
A

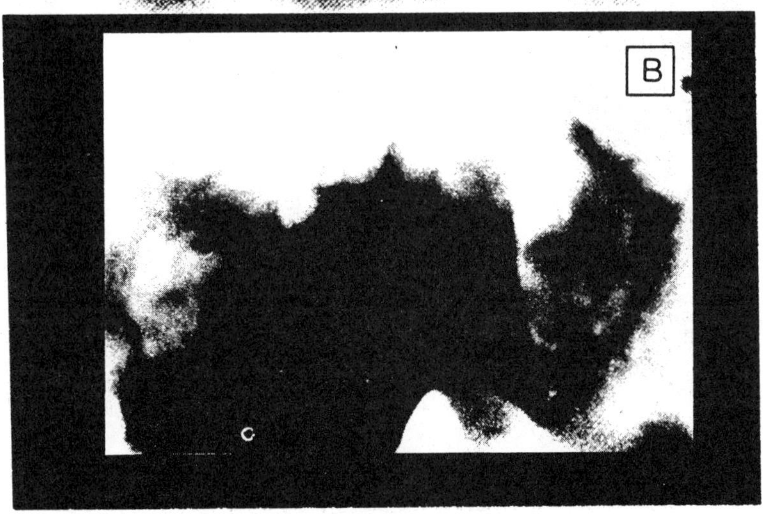
B

심령해부 7

1940년대에 영국에서 사진전문가가 촬영한 것인며, 가운데에 서있는 사람의 서재에서 찍었다.

완성된 사진을 보니, 왼쪽 윗쪽에 여섯개의 영체(靈體)의 얼굴이 찍힌 게 판명되었다.

이 여섯사람은 가운데에 있는 사람과 생전에 다소 친분이 있었던 친구 또는 친지라고 했다.

심령해부 8

영국의 어느 가족이 기념사진으로 찍은 것인데 배후에는 세사람의 영체가 찍혀 있다. 왼쪽에 나타난 두 사람은 육친의 모습으로 몇년 전에 사망한 사람이라고 하지만 오른 쪽의 희미한 얼굴에 대해서는 집히는 바가 없다고 한다.

머 리 말

우리가 살고 있는 이 우주는 여러가지 세계로 구성이 되어 있다. 펄펄 끓는 불바다인 태양이 있는가 하면 지구와 같이 물이 많고 여러가지 생명이 존재하는 세계가 있고, 또 그렇지 않은 세계들도 있다.

전체 우주를 놓고 본다면 오히려 우리가 살고 있는 이 세계가 희귀한 존재가 아닌가 생각이 된다.

한편, 인간이 살고 있는 이승과 염(念)의 세계, 에너지의 세계인 저승은 분명히 차원(次元)이 다른 세계다. 보통 사람들은 죽으면 거의 대부분이 자연스럽게 저승으로 호적을 옮기지만 본인이 아직 저승을 옮겨갈 준비가 안된 상태에서 갑자기 목숨을 잃은 사람들 가운데 이승에 너무나 강한 집착을 가진 나머지 저승으로 안가는 경우가 있다. 그리고 살아있는 사람들 가운데에도 유난히 유체(幽體)가 발달된 사람들이 있는 것이다.

이런 사람들은 이승과 저승에 양다리를 걸치고 있다고 할수가 있다. 이런 사람들의 유체 에너지를 이동해서 원한영들은 그들의 모습을, 영 사이에서 화면에 그림자를 비추듯 자기의 모습을 나타낼 수가 있다.

이 책은 이런 특수한 인간들의 이야기를 집대성한 것이다. 죽었다고 모든게 끝난 것은 아니라는 것을 우리 모두가 안다면 인생관이 바뀔 것으로 생각이 된다.

우리는 가지가지 욕망으로 해서 많은 업을 짓는다. 업을 지으면 인과법(因果法)의 법칙에 의하여 언젠가는 반드시 그 결과가 자기 자신에게 돌아오게 마련이다.

그런 뜻에서 되도록 업 자체를 만들지 않는게 가장 현명한 것임은 더 말할 나위도 없다. 업장소멸을 이해하는데 큰 도움이 될것으로 생각이 되기에 이 책을 옮겨 쓰게 된 것임을 밝혀 둔다.

1992년 4월

編著者 安東民

업장소멸 · ④ 차례

영혼은 존재하는가?

영혼은 존재한다

저자가 체험한 충격적 레포트

1. 성스러운 버섯

[멕시코의 묘지에 돋아나는 '신(神)의 고기'로도 불리우고 기괴한 힘을 내게 하는 버섯이란…]

멕시코의 오지에 '악마의 버섯'이라고도 '성스러운 버섯'이라고도 불리우는 이상한 버섯이 있음을 16세기 전반에 이곳을 정복한 스페인 사람이 기록으로 남기고 있다.

이 버섯을 먹으면 병이 나을 뿐만 아니라 미래에 일어날 일을 알게 된다는 이상한 것으로 그 옛날, 아스테카 제국의 국왕이나 여왕도 먹었다고 한다.

그들은 이 버섯을 '오나나카토르[신의 고기]'라고 하고 소중한 비약(祕藥)으로서 그에 관한 일을 일체 외부에 알리지 않았다. 그러므로 스페인이 멕시코를 정복하고 20세기에 이르기까지 아무도 이 버섯에 대한 것을 알지 못했다.

"어떻게 버섯에 관한 취재를 할 수 없을까…"

나는 멕시코에서 여러 사람에게 부탁을 했다. 하지만 멕시코의 일인데도, 버섯에 관한 것을 모르는 사람이 많고 버섯이 있는 장소조차도 알지 못했다.

내가 그 취재를 단념하고 낙담하고 있을 때,

"장소만을 알았습니다."

하고, 통역이 조사를 해주었다.

그의 말에 의하면 오아하카주(州) 와우트라, 데 · 히메네스 마을에 사는 마사데크 족(族)의 여자 기도사(祈禱師—셔만—)인 마리아 · 사비나가 독(毒)버섯을 쓰는 비밀의식(祕密儀式)을 행하고 있다는 것이었다.

"그렇다면, 가 봅시다."

"당, 당치도 않아요. 자칫 잘못하다간 살해당합니다."

통역은 안색이 변하며 난처해 했다. 까닭인즉 마사데크족(族)의 비밀의식은, 결코 외부 사람에게는 보이지 않는 것이며, 만약 그것을 엿보기라도 하는 이가 있으면 살해당한다.

게다가 독버섯을 따는 일은 정부에서 금지하고 있으므로, 만약 그곳에 간다면 블랙리스트에 오르게 된다.

나는 하는 수 없이 혼자 멕시코시에서 오아하카행 비행기를 탔다. 만약의 경우를 위해 단단히 각오를 하고….

"이것을 바르지."

비행기의 심한 동요와 기침으로 가지고 있던 장난감으로 손을 다친 소녀에게 나는 약을 발라 주었다.

"고맙습니다."

소녀의 아버지는 내게 치사를 하고, 자기는 마사테크족 출신의 관리로 호리아라고 자기 소개를 하고 놀러오라고 했다.

이 일은 내게 다시 없이 좋은 기회였다. 그래서 재빨리 용건을 말했다.

"뭐라고, 오나나카토르를 취재한다고…?"

나의 얼굴을 바라다보면서, 호리아씨는 신음소리를 냈다. 또한 그것은 불가능에 가까운 일이라고 말했다. 그러니까 어떻게 좀 도와 달라고 매달리다시피 하며 부탁을 했다.

"책임은 질 수 없지만, 이것을…"

호리아씨는 셔만인 사비나에게 보내는 편지를 내게 주었다.

"호리아씨의 부탁이니 할 수 없지."

내가 편지를 내보이자 셔만인 사비나는 취재를 허락했다. 다만 이것은 신(神)의 의식(儀式)이므로, 사진은 절대로 찍어서는 안되고 버섯은 실수로도 가져가서는 안된다고 내게 조건을 내세웠다.

곤란한 조건이었으나, 나는 승낙할 수 밖에 없었다. 하여튼 그

의식을 볼 수 있는 것만으로도 행운이었으니까….

이윽고, 내가 히메네스 마을에 도착한 지 다섯째 밤 12시에 오라고 사비나에게서 연락이 왔다.

"쨍, 쨍, 쨍"

짜릿한 금속성 소리가 한가닥 촛불만이 비치는 어두운 지하실에 울려 퍼지고 있었다.

사비나는 내게 눈과 입만이 뚫린 검은 두건을 씌우고, 지하실 한쪽 구석에 앉으라고 했다.

"샴비아나 돈겟지."

이윽고 뜻모를 주문같은 것을 외우며 검은 두건으로 얼굴을 가린 사람들이 차례로 들어 왔다.

그들은 같은 부족 사람들에게도 이 버섯을 먹는 자신을 절대 보이지 않는 법이다.

지하실 안은 곧 사람으로 가득 찼다. 나는 검은 두건 사이로 눈만 야릇하게 번들거리는 사람들의 집단에서 왠지모르게 몸서리치는 공포감을 느꼈다.

"잘 됐군요. 잘해 보시오."

내 옆에 다가 온 애데린 사람이 가만히 속삭였다. 그 목소리…. 소녀의 오른 손의 붕대는 바로 호리아 부녀(父女)였다.

나는 머리만을 숙이고 말하는 건 삼가 했다.

그날 밤 버섯을 먹는 이는 아홉 사람으로 정해졌다. 그것은 사비나가 신(神)의 계시를 받고 정하는 것이었다. 아홉 사람중에는 호리아 소녀도 포함되어 있었다.

"오나나카토르를 받아, 그대의 병을 고치리라. 그대의 알고저 하는 게 알게 되리라."

사비나는 제단에서 내려놓은 자루 속에서 버섯을 꺼내고 뭐라고 주문을 외면서 한사람 한사람에게 버섯을 먹였다.

아홉사람이 버섯을 다 먹은지 불과 4~5분이 지난 뒤였다.

"아하하하… 이히히히…"

느닷없이 야릇한 웃음소리가 일고 호리아 소녀를 위시한 다섯 사람이 미친듯이 웃기 시작하는 것이었다. 그러자 다음에는 네사람이 훌적훌적 울기 시작했다. 아홉 사람의 울고 웃는 모습은 마치 정신병원의 병동을 상상케 하여 나는 기분이 언잖아졌다.

"웃고 있는 이들은 병자요, 모두 의사에게 버림받은 이들이지. 울고 있는 이들은 자기에게 관계있는 미래의 모습을 보고 있는 거지."

사비나는 내게 설명하면서 한입만 먹어보라고 하며 버섯을 주었다. 그것은 밑둥이 엄지손가락 크기의 길이 4센티 정도의 버섯이었다.

내가 버섯을 조심스레 입에 넣으려 하자, 사비나가 반만 먹으라고 하였다. 한개를 다 먹으면 30분 가까이 실신상태가 된다는 것이다.

나는 4분의 1을 먹었다. 이윽고 차츰 몸이 가벼워지더니 머리 속이 멍해지면서 갑자기 슬퍼져서 울음이 나왔다. 울음이 그치더니 눈 앞이 부옇게 되면서 그곳에 별천지가 보였다.

그것은 나의 친구(남자)가 물 속에 빠져 허우적거리는 모습으로, 친구는 이윽고 물 속으로 사라져 보이지 않게 되었다.

약 5~6분 후에 나는 정상으로 돌아왔다. 나는 방금 본 환각(幻覺)이 마음에 걸렸으나, 그것 보다도 놀라운 일은 팔에 생긴 종기가 좋아진 것이었다. 돌아갈 무렵 호리아씨에게 기침이 멎었는가 하고 묻자 소아천식으로 괴로워하던 소녀의 기침이 거의 나지 않게 되었다는 것이었다.

나는 이상한 버섯의 힘에 아연해지지 않을 수 없었다. 틀림없이 그것은 괴상한 힘을 나타내는 '신(神)의 고기'였다.

하지만 이 버섯이 내게 가장 큰 놀라움과 무서움을 준 것은 귀국한 뒤 환각 속에서 본 친구의 익사(溺死)가 실제로 그대로 되었었다는 일이다.

2. 살아난 남편

[죽은 남편의 영이 아내에게 실려 '오늘밤 만나러 간다'는 편지를 쓰게 하였다…]

"언니, 큰일났어!"

부자 소리에 현관에 나갔던 시누이가 방정맞는 소리를 지르며 이층 방으로 뛰어들었다.

"조용히 해요. 머리가 아프니까!"

키리마드(23세)는 남편과 말다툼한 뒷끝이 개운치 않아 기분이 언짢았으므로 큰 소리로 시누이를 나무랐다. 시누이는 키리마드의 시퍼런 서슬에 말을 하려다 만채 입구에 버티고 서있었다.

"무슨 일인가요? 빨리 말해요."

키리마드는 시누이를 다시 한번 꾸짖듯이 재촉했다. 시누이는 제정신이 든듯,

"오빠가 자동차 사고로… 돌아가셨다나봐."

빠른 말투로 그렇게만 말하고는 솟구치는 눈물을 닦으며 방을 나갔다.

"남편이 죽었다구…"

키리마드는 당장은 실감이 나지 않았다.

그도 그럴 것이 20분쯤 전에 말다툼을 하고 남편은 집을 나갔을 따름이었다.

"키리마드, 빨리 병원으로."

아랫층에서 시부모의 음성이 났을 때 키리마드는 용수철처럼 일어났다. 그녀는 시부모와 시누이와 함께 차로 병원으로 향했다.

"여, 여보…."

남편은 차마 눈 뜨고 볼 수 없을 정도로 무참한 모습으로 침대에 누워있었다.

몇사람의 의사가 정성껏 치료를 한 흔적이 남아 있었고, 그것이 남편의 죽음을 똑똑히 알려 주고 있었다.

키리마드는 의사가 말리는 것도 아랑곳없이 남편에게 매달려 흙과 피로 얼룩진 얼굴에 키스를 했다.

"여보! 정신 차려요!"

키리마드는 정신없이 남편을 불렀다. 키리마드는 큰소리로 울부짖으며 남편의 시체에 매달렸다.

가장 사랑하는 남편을 잃은 키리마드의 마음에는 무엇으로도 메울 수 없는 큰 구멍이 뚫린듯 시부모나 시누이들의 목소리도 전혀 들리지 않았다.

"부인, 이것이 차 안에 있었습니다."

남편의 시체를 인수받고 집으로 돌아오려는데 현장검증을 한 형사가 예쁜 리본을 단 작은 상자를 키리마드에게 건네 주었다. 작은 상자에는 가장 사랑하는 키리마드에게—남편으로부터— 라고 쓰인 카드가 있고, 선물임이 한눈에 알 수 있었다.

"여보 미안해요…."

선물인 작은 상자를 손에 들고 키리마드는 어깨를 들먹이며 목놓아 큰소리로 통곡했다. 그 작은 상자는 무딘 칼로 그녀의 가슴을 에이는듯 부부 싸움을 회상케 했다.

일의 발단은 이러했다.

"자기, 나 보다 훨씬 멋진 애인이 있다죠?"

키리마드는 10시 가까이에 집에 돌아온 남편에게 느닷없이 시비조로 말했다.

"무슨 뚱딴지 같은 소리야. 누가 그런 소릴 해!"

남편은 그다지 당황하는 빛도 없이 대답하고 키리마드에게 아랑곳없이 침대에 눕자마자 코를 골기 시작했다. 그녀에게는 그런 남편

의 태도가 마음에 들지 않았다. 그리곤 '역시 좋은 사람이 있어' 이렇게 혼자 작정을 했다.

요 한달가량 남편은 바쁘다는 핑계로, 거의 그녀를 거들떠보지 않았었다.

그도 그럴 것이 그녀의 생일이 지났는데도 남편은 아무런 선물도 사주지 않았던 것이다. 결혼한지 3년째 이런 일은 한번도 없었다.

"자는 척 해봐야 소용없어. 그 여자를 만나게 해달란 말야."

키리마드는 앙칼진 목소리로 남편에게 따졌다.

"그런 것 있을 리가 없잖아. 좀 그만해 둬."

남편은 화를 냈다. 허나 키리마드가 생일선물에 대한 말을 하자 솔직히 잊었었다고 사과를 했다. 하지만 키리마드는 그래도 계속 불평불만을 늘어놓자 남편은,

"그렇담 당장 가서 사 오지!"

이 말을 남기고 나갔던 것이다.

그것이 살아 있던 남편의 마지막 모습이었다.

"남편을 죽게한 건, 아니 남편을 죽인건 저예요…"

키리마드는 남편의 시신에게 시부모와 시누이들에게 사과하듯 말했다. 하지만 모두들 사고니까 하는 수 없다고 키리마드를 위로했다.

남편의 장례가 끝났으나 키리마드는 날마다 괴로운 생각으로 움추려서 살고 있었다.

"내가 내 멋대로 질투만 하지 않았던들…"

키리마드는 그 일만을 생각하고 있었다. 이윽고 남편이 죽은지 열이틀째날 밤이었다.

키리마드는 방에서 뜨개질을 하고 있었다. 남편이 죽은 뒤로, 집안은 늘 쥐죽은듯 했다. 시부모나 시누이들도 아직 마음의 상처가 가라앉지 않았을 것이다. 거의 말들을 하지 않았다.

저녁 식사가 끝나면 각자 방에 틀어박히고, 남편이 살아있을 때처

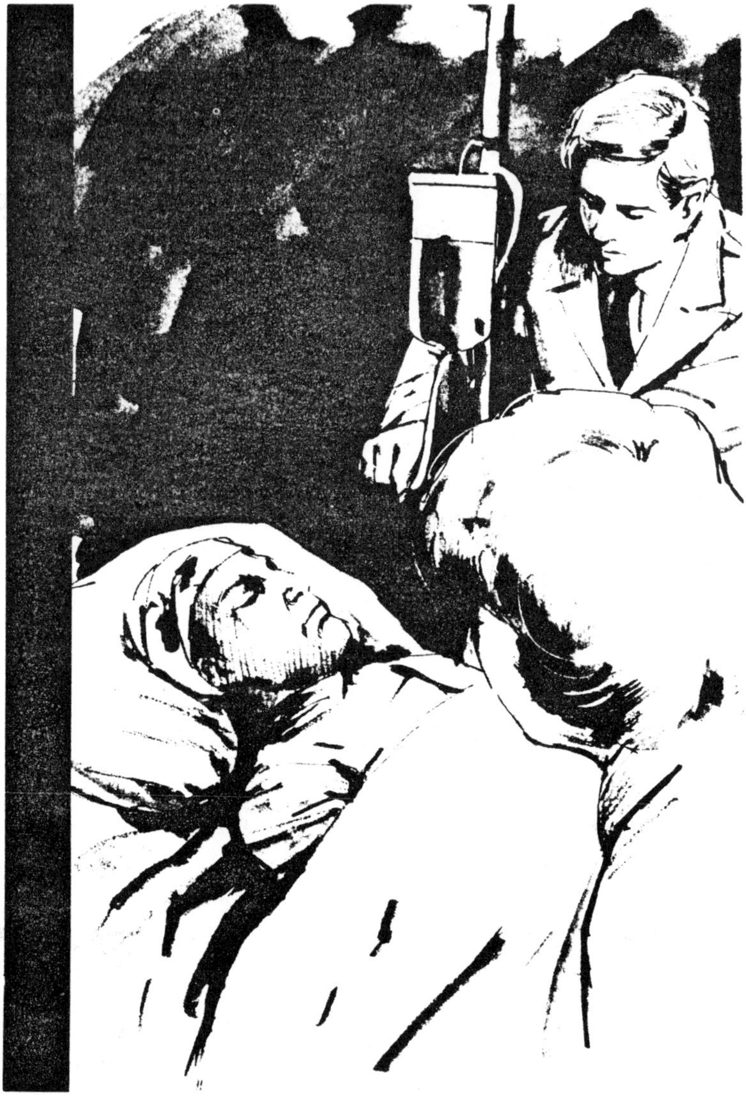

럼 텔레비를 보거나 때로는 음악에 맞춰 춤을 추는 일은 전혀 없게 되었다.

"그만 나두 죽어버릴까 보다…"

능률이 나지 않는 뜨개질을 손에 들고 그런 일을 생각하고 있던 키리마드는 갑자기 졸음이 쏟아져 꾸벅꾸벅 졸고 말았다.

깜짝 놀라 눈을 뜨자 눈 앞에 놓인 편물용 노오르에 눈에 익은 글씨가 씌여 있는데 아연실색 했다.

"남편의 글씨…"

결혼 전, 또한 결혼 후에도 출장을 가면 늘 편지를 보내던 남편의 필적을 잘 알고 있었다.

키리마드는 조심조심 그 글씨를 읽어내려 갔다.

—사랑하는 키리마드. 나는 지금도 당신을 사랑하고 있오. 앞으로 매일 밤 당신을 만나러 가오. 다만, 방 안을 바꿔주기 바라오. 침대를 서쪽으로 동쪽 창문을 밀봉해 주오. 흰 백합꽃은 놓지 말아 주오. —

읽어내려 가는 키리마드의 얼굴에서 차츰 핏기가 사라졌다. 그녀는 노오트를 들고 방을 뛰쳐나가 시부모 있는 곳으로 뛰어들었다.

키리마드는 죽은 남편에게서 편지를 받은 것이다. 죽은 남편이 편지를 쓴 것이다. 이것은 심령과학자가 '오토매틱 · 리이팅(자동서기)'이라고 부르고 있는 것으로 죽은 남편의 영이 의식이 없는 상태에서 자고 있는 키리마드의 몸에 빙의되어서 쓴 편지다.

"틀림없이 그 아이의 필적이지만, 설마…"

죽은 남편의 부모는 놀라워 하면서도 편지의 내용에 대해서는 믿지 않았다.

물론 키리마드도 믿을 수 없었다. 하지만 키리마드는 만약 죽은 남편을 만날 수 있다면 만나서 잘못을 빌고싶었으므로 전혀 헛일이라고 여기면서도 다음날 편지 적힌대로 방의 모습을 바꾸고 그때까지 좋아하던 그리고 곧잘 꾸며 놓았던 흰 백합을 치웠다.

그리고 두려워하며 밤을 기다렸다.

찰칵 전등이 꺼졌다고 생각되는 순간 스르르 입구의 문이 소리없이 열렸다.

"……?"

키리마드는 마른 침을 삼키고 온 몸의 신경을 눈으로 입으로 모아서 방안을 지켜보았다.

쨍! 침실로 통하는 문 옆에 있던 양복장의 금속 부속이 무엇인가에 닿아 소리를 냈다.

"아니! 여, 여보…"

전등이 켜있지 않은 침실을 본 키리마드는 온 몸이 오싹하며 굳어졌다. 이럴 수가 죽은 남편의 흰 그림자 같은 것이 침대께에 있는 게 아닌가…

"마드, 이리 와요!"

이상하다! 남편의 망령(亡靈)이 키리마드를 부른 것이다. 더욱이 둘 사이에서 남편이 쓰고 있는 그녀의 애칭으로 말이다….

아연실색하여 서있는 키리마드의 겨드랑 아래로 냉기가 흘렀다. 망령은 두번 세번 그녀를 불렀다.

못 박힌듯 그 자리에 서있던 키리마드는 어언 침실로 들어가 남편의 망령에 꼭 안겨 있었다.

남편의 망령과의 밀회가 사흘 밤 계속된 뒤, 키리마드는 마침내 그 일을 시부모님에게 말했다. 허나 아무도,

"그런 가당치도 않은 일이…"

하면서 그 말을 믿어주지 않았다. 나중에는 밀회를 거듭하는 키리마드 자신이 그 일에 의문을 품고 자기의 머리가 이상해진 게 아닌가 하고 생각할 정도였다.

키리마드는 시부모와 함께 친한 의사에게 가서 사정을 말하고, 정밀검사를 받았으나 아무 데도 이상은 없었다.

키리마드는 남편의 망령과의 밀회하는 현장을 시부모들에게 보이

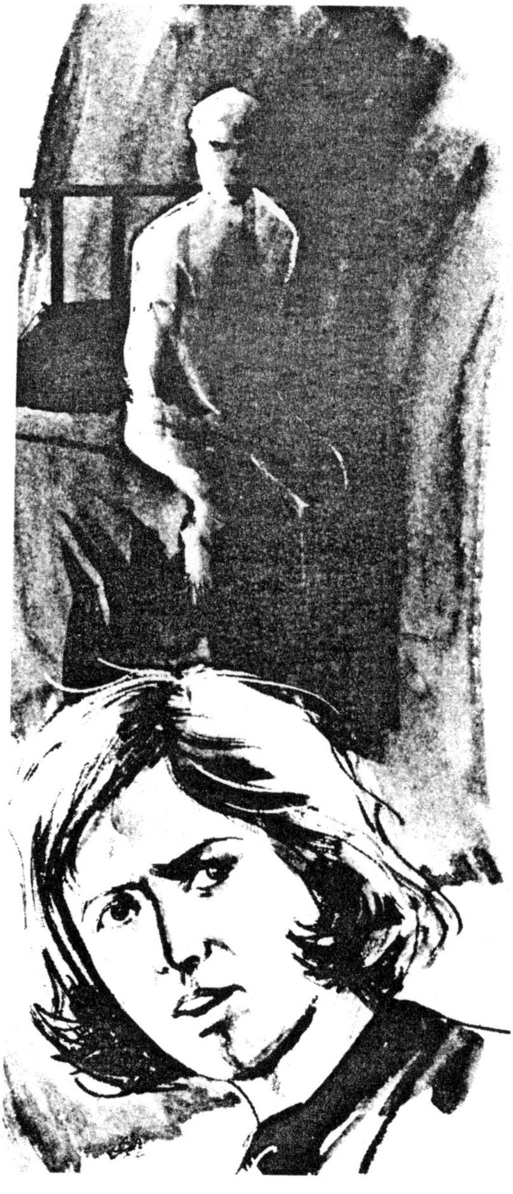

기로 했다. 그것은 여자로서는 참을 수 없는 일이었으나, 이 괴상한 사건을 사람들에게 알게 하려면 이 이외에 좋은 방법이 없다고 생각했기 때문이다.

시부모와 시누이 세사람은 꼼짝도 않고, 키리마드와 망령과의 밀회를 똑똑히 목격했다.

이윽고, 이 기괴한 사건은 곧 사람들의 입에 오르내리고, 의사, 심령학자, 게다가 신문기자들 십여명이 기묘한 밀회를 구경했다.

최근에, 칠레의 수도 쌘디애고에 도착한 나는 현지의 신문에서 이 기괴한 '키리마드 사건'을 알고, 곧 가서 키리마드를 만나 밀회 장면을 구경할 것을 신청했다.

단념을 했는지, 키리마드는 쉽게 승낙해 주었다.

그날 밤 나는 흥분이 되어 가슴을 두근거리며 그녀의 시누이 셋과 함께 키리마드의 방으로 몰래 들어가 가구 뒤에서 키리마드가 죽은 남편의 영과 밀회하고 있는 모습을 똑똑히 보았다.

망령은 마치 하얀 그림자와도 같고, 구름과도 같은 느낌의 것으로 안겨 있는 키리마드는 그것에 싸여 있는 느낌이었다.

"저 목소리는 죽은 오빠가 틀림이 없습니까?"

쉰듯한 남자의 목소리가 나서 나는 여동생들에게 물어보았다. 여동생들은 말하는 투도 그의 음질(音質)도 틀림없이 오빠의 것이라고 말했다.

하지만 나는 아무래도 이 괴현상(怪現象)이 믿기지 않아, 무언가 트릭이 있는 게 아닌가 하는 의문이 사라지질 않았다. 그래서 넌즈시 조사를 부탁했으나, 트릭의 증거는 끝내 발견되지 않았다.

칠레의 유명한 심리학자인 노비노씨는,

"나는 덮어놓고 부정하지 않습니다. 80년 전에도 이것과 아주 같은 현상이 칠레와 영국에서 있었기 때문이죠. 이 세상에 한을 남기고 죽은 사람의 영은 어떠한 형태로든지 그 한을 풀기 위해 이 세상에 나타나는 일은 흔히 있는 일입니다."

이렇게 말하고 있다. 또한 심리학자인 야그트씨는,

"정말 믿을 수 없는 일입니다. 역시 키리마드의 정신에 이상이 있는 걸거고, 본 사람들의 선입관념이 일으킨 환각(幻覺)에 지나지 않는 것일까……"

하고 부정하고 있다. 하지만 나는 지금까지 자신이 여러가지 취재를 하고 조사한 것들로 미루어, 이 세상에는 과학만으로 해결할 수 없는 기괴한 현상이 있음을 알고 있다.

이 사건도 이것이 진상이라는 결론을 낼 수는 없으나 영이 이 세상에 나타나는 일도 있을지도 모른다.

3. 비취의 저주

[미이라의 포장 속에서 훔친 비취에는 죽은 이의 영을 지키는 저주가 있었다.]

나는 자마이카의 킹스톤에 있는 어느 보석상에서 기괴한 비취를 보았다.

그것은 탁구공 크기의 둥근 모양으로 야릇한 광택을 내는 비취로 조금도 흠이 없고, 남자인 나도 황홀할 정도로 훌륭한 것이었다.

"좀 만져볼 수 있습니까?"

나는 너무 좋아보여 그 비취를 만져보고 싶어 가게 주인에게 부탁했다.

그러자 가게 주인은 크게 고개를 저어 나의 희망을 거절했다.

원인은 그 비취에는 무서운 '저주'가 걸려 있기 때문이라고 했다.

"저주라고 하면 어떤……?"

그 일에 흥미를 가진 나는 채근하듯이 물었다.

가게 주인은 잠시 생각에 잠기더니 이윽고 몸을 떨면서 다음과 같은 말을 내게 해 주었다.

최근에 도로 확장공사를 하고 있을 때의 일이었다.

"앗, 미이라야!"

일하던 노동자들이 지하 2미터 되는 곳에서, 매장된 13구의 미이라를 발견한 것이다.

13구 가운데 11구는 완전히 포장된 채로 있었으나, 2구만은 밖을 포장한 천이 썩은 것처럼 찢겨 있었다.

"야! 비취다!"

노동자들은 망가진 2구의 미이라 포장 속에서 야릇하게 빛나는

여섯개의 비취를 발견하고 감독이 없는 것을 다행으로 여기고, 그 비취를 나누어 시치미를 뗐다.

노동자들은 그날의 일이 끝나자 일찍 귀가했으나 갑자기 온몸이 전기가 오른듯 비틀어져 말도 못할 지경에 이르렀다.

한 노동자가 마을에 하나 뿐인 병원으로 실려가 보니, 비취를 슬쩍한 다른 다섯명의 노동자도 그와 같은 증상으로 실려 왔던 것이다.

그들은 원인을 모른 채 입원한 지 이틀만에 모두 사망하고 말았다.

"이 비취의 저주를 받은 겁니다."

보석상 주인은 그 비취의 입수 경위에 대해서는 아무 말도 하지 않았으나 그들 여섯 사람이 죽은 것은 미이라가 된 죽은 이를 수호하기 위해 포장 속에 넣은 저주를 담은 비취가 원인이라고 강조했다.

그의 이야기를 듣고, 다시 한번 비취를 거듭 보니, 분명히 무시무시하고 야릇한 빛이 있었다.

4. 심령치료사

[가위와 맹꽁이 자물쇠를 써서 조상때 부터 빙의(憑依)된 악령(惡靈)을 제령하는 자마이카의 심령치료사]

나는 자마이카의 수도 킹스톤에 있는 브러더맨(심령치료사)의 본부인 밤야아드를 방문했다.

본부의 어느 한 방에 안내되었으나, 그곳에는 한개의 테이블, 두개의 의자가 있을 뿐, 달리 아무 것도 없는 살풍경한 방이었다.

테이블 위에는 초, 꽃병, 맹꽁이 자물쇠, 가위가 놓여 있었다. 이 맹꽁이 자물쇠와 가위는 악령을 '갇우고' '절단하기' 위한 것이라고 했다.

이윽고 머리에 타반을 두르고, 기다란 꽃같은 옷을 입은 브러더맨인 쥬니스가 한사람의 환자를 데리고 들어 왔다.

"벌써 반년 가까이나 뭔가 눈에 보이지 않는 것에 시달림을 받고 식사도 제대로 먹을 수 없답니다."

환자인 하이그씨는 늘 무언가를 겁내고 있는 듯한 모습으로 브러더맨에게 그렇게 말했다.

가만이 눈을 감고 있던 브러더맨의 입에서 신음하는 듯한 소리가 나오더니, 그의 몸이 굳어져서 막대기처럼 되어 버렸으나, 이윽고 온 몸을 심하게 떨며 수족을 자유롭게 움직이기 시작했다.

"으윽!"

브러더맨의 오른 손이 하이그씨의 온몸을 훑자, 하이그씨는 괴로운 듯이 비명을 지르고 몸부림치기 시작했다.

브러더맨은 하이그씨 몸에 올라 타더니 몸부림치는 하이그씨를 누르고 가위를 들어 그 머리 위에서 두번, 세번 '절단'하는 포오즈를 취했다. 그때마다 하이그씨는 괴로운 듯이 몸부림을 쳤으나, 이윽고 맥없이 마루바닥 위에 쓰러져 뻗고 말았다.

브러더맨은 커다란 항아리 속에서 '신수(神水)'를 가지고 오더니, 의식을 잃고 쓰러져 있는 하이그씨에 입에 흘려 넣었다.

다시금 하이그씨가 괴로워하기 시작하였다. 브러더맨은 가위를 손에 들자 하이그씨의 온몸을 찌르는 시늉을 하면서 주문을 외웠다. 이윽고 하이그씨의 몸이 붕 떠오르더니, 비명 소리와 함께 바닥으로 떨어졌다.

이렇게 하여, 하이그씨의 몸에서 조상으로 부터 빙의되었던 악령이 제령이 되었던 것이다.

5. 자마이카의 주술사 레이스

자마이카의 몬테베고이에 갔을 때, 나는 현지 사람에게서 들은 주술사를 취재하려고 생각하여 통역에게 상담하여 보았다. 그러자,

"레이스를 만나고 싶다니 당치도 않은 일입니다."

통역은 얼굴 빛이 변하며 두 손을 흔들고 거절했다.

그가 말하는 바에 의하면, 그는 살인청부업자로 무슨 꼴을 당할지 알 수 없다는 것이다.

하지만 나로서는 모처럼 이곳까지 왔으면서 그런 진귀한 주술사를 취재하지 않고 돌아간다면, 명예에 관한 일이라고 여겨져 통역을 온갖 방법으로 설득했다.

"뭐라고 말씀하셔도 나는 싫습니다. 다른 사람을 구해 드리겠습니다."

이렇게 되어서 모처럼 킹스톤에서 따라 온 통역은 레이스 취재에 동행하여 주지 않았으므로, 나는 다른 통역을 부탁했다.

나는 지프를 타고, 울퉁불퉁한 길을 한시간 남짓 달린 곳에 있는 부락으로 갔다. 그곳은 부락이라고 해도 레이스 일가와 그의 수제자의 다섯 가족이 사는 집이 있을 뿐인 곳이었으나, 울창하게 우거진 수목에 에워싸여 있어서 보기에도 무시무시 했다.

"레이스씨를 만나고 싶습니다만……"

나는 주저하는 통역을 재촉하여 면회를 청했다.

"무슨 용건이요?"

긴 흰수염을 기른 노인이 나와서 날카로운 눈초리로 나를 노려보

면서 심문하듯 말했다. 나는 '필살(必殺)의 주술(呪術)'이 어떤 것인지 그 모든 것을 알고 싶고 레이스가 어떤 인물인지 알고 싶고, 또한 그 모든 것을 사진으로 찍고 싶다고 말했다.

나와 통역은, 한시간 가까이 누추한 방에서 기다린 끝에, 취재를 깨끗이 거절 당했다.

그 이유는, 레이스의 주술은 구경꺼리가 아니며, 사진을 찍히면 신통력(神通力)이 약해진다는 것이었다.

하지만, 나는 싫어하는 통역을 독려하여 어떻게든 취재를 해보려고 노력하며 노인에게 꽤 많은 돈을 쥐어 주었다. 노인은 다시 한번 레이스에게 물어보러 갔다.

이윽고 돌아온 노인은,

"레이스는 도저히 만날 수 없다고 하니, 내가 술(術)의 초보적인 것만 보여 주겠소."

이렇게 말하고, 우리를 다른 방으로 안내했다. 레이스의 첫째가는 제자라는 노인의 이름은 히데고라고 했다.

안내된 방은 아무 장식도 없는 썰렁한 방으로 가운데에 나무로 만들어진 평상이 있을 따름이었다.

"지게바르시, 도우닷다……"

히데고 노인의 음산한 주문이 시작되고, 검은 천으로 얼굴을 싼 사나이가 우선 강한 냄새가 나는 향을 가지고 들어왔다.

사나이는 창문도 닫고 무럭무럭 연기를 품는 향으로 방안을 깨끗이 했다. 이것은 주술을 방해하는 악령을 쫓기 위하여 행하는 것이란다.

다음에 다른 사나이가 진흙으로 빚은 길이 30센티 남짓한 인형을 들고 와서 히데고 노인 앞에 놓았다. 노인은 격한 소리로 인형에게 주문을 퍼붓고 있더니 이윽고 인형을 손에 들고 앞면 벽에 동댕이를 쳤다.

그 다음에 세사람의 사나이가 몸부림치는 새끼양을 데리고 들어와 중앙의 평상 위에 묶어 놓았다.

히데고 노인은 천천히 단검을 집어들고, 새끼양을 단칼로 죽이자, 그 피를 받아 벽에 동댕이친 인형에게 뿌렸다.

"야—앗!"

천지를 진동하는 듯한 기합소리와 함께 히데고 노인은 두번, 세번, 도합 일곱번을 단검으로 인형을 난도질했다.

"지금 내가 저주를 한 상대는 메즈데 마을에 사는 다우도라는 사나이요. 술(術)이 효험이 있었는지 여부는 스스로 조사해 보는게 좋겠소."

나는 곧 지프로 그곳에서 200키로나 되는 메즈데 마을로 향했다.

"오늘 아침까지 건강했었는데요.……"

다우도 집에서 놀라운 광경을 나는 보았다. 바로 온몸의 뼈가 송곳으로라도 찔리는듯 아프고, 괴로워하는 다우도의 모습을 다우도의 집에서 보았다.

이 현상을 보는 한은 레이스의 주술은 분명히 효과가 있었던 것 같으나, 나는 곧이곧대로 믿을 수 없었다.

나는 히데고 노인과 다우도가 공모하여 연기를 했는가의 여부를 조사했다. 하지만 그런 증거를 잡을 수가 없었다.

그들의 연기가 훌륭했었는지 아니면, 히데고 노인이 한 주술이 정말이었었는지 아직 결론이 나지 않았다.

6. 13대 카비아 쏘오냐

[그녀에게 정말로 이상한 힘이 있을 것인가?……]

"아, 싫어, 싫어. 싫단 말야!"

쏘오냐(15세)는 마루바닥을 세차게 밟으며 가슴 속에 걸린 것을 내뱉듯이 큰 소리를 냈다.

브라질의 레시이훼에서 있었던 일이다.

쏘오냐는 자기 방에 장식된 갖 지은 옷이니 장식품을 원망스러운 눈초리로 바라다 보고 있더니 그 큰 눈에는 빛나는게 솟아나왔다.

"쏘오냐, 마침내 내일이구나."

소리없이 들어온 언니가 위로하듯 쏘오냐의 어깨를 안고 말했다. 그 순간, 꾹 참고 있던 눈물이 두 눈에서 솟아나왔다. 쏘오냐가 평범한 소녀로서 지낼 수 있는 것은 오늘과 내일 오전중 까지인 것이다.

오후가 되면 그녀가 싫어하던 의식(儀式)에 끌려나가 참혹하다고도 할 수 있는 세례를 받지 않으면 안된다. 또한 그 순간부터 쏘오냐는 제13대째의 카비아가 되어, 마녀가 되고마는 것이다. 레시이훼 지방에서는 마녀가 매우 큰 힘을 가지고 있고, 그 중에서도 카비아의 힘은 대단한 것이다.

사람들의 병을 고치기도 하고, 그 사람의 운명을 결정할 만한 일을 점치거나 하는 것은 모두 마녀인 것이다. 몇 있는 마녀 가운데에서도, 카비아는 몇만명의 신자를 가지고 있고, 마치 왕녀(王女)와 같은 권리까지 지니고 있다.

이 마녀 카비아가 선발되는 방법이 몹시 신비스럽고 하나의 수수께끼가 되고 있다. 13대로 선택된 쏘오냐의 경우는……

16년 전의 1월 9일, 12대 카비아가 죽었다. 헌데 죽기 몇분 전에 카비아는 한통의 13대의 임명장(任命壯)을 쓰고 그것에 서명을 했다.

그 임명장에는 〈1년 뒤 신자인 세누모스 부처에게서 태어나는 두째번 여자를 13대 카비아로 임명한다. 이 아이에게 쏘오냐라는 이름을 붙이고, 관례에 따라 15세에 취임의식을 행하라.〉고 씌어 있다.

이상하게도 그 때의 쏘오냐는 태어나기는커녕 어머니가 임신도 하지 않았는데, 마녀는 그 일을 알고 있었던 것이다.

이렇듯 쏘오냐는 태어나기 전부터 마녀가 되지 않으면 안될 숙명을 걸머지고 있었던 것이다. 쏘오냐를 원망하고 시기하는 사람조차 있었으나, 본인은 마녀가 되는 것이 싫어서 견딜 수 없었다.

"언니, 나……"

쏘오냐는 자기의 기분을 알아주는 단 한사람인 언니에게 지금까지도 몇번이고 자신의 숙명에 대한 불만을 호소하여 왔었다.

"알아. 허지만 이것만은 어떻게도 안되는 걸 어쩌니……."

숙명으로서 어떻게도 할 수 없는 때가 마침내 오고 말았다. 해가 지고 사방이 어두워지자 쏘오냐는 새하얀 마녀복을 입게되고 염주와 같은 목걸이를 걸게 하고, 세례의식이 행해지는 회장으로 끌려나갔다.

13대 카비아가 되는 쏘오냐의 뒤에는 줄줄이 많은 사람들이 행렬을 짓고, 길 양쪽에도 사람들이 가득 차 있었다.

"쏘오냐!"

그 사람들 사이에서 젊은 남자가 불렀다. 그는 쏘오냐의 남자친구 베아였다.

"안녕! 베아!"

쏘오냐는 마음 속으로 이별을 고했다. 마녀가 되고 나면, 연애

같은 건 허용되지 않는다.

"카비아님이 도착하셨다!"

수십 자루의 촛불이 켜진 밤의 해안에 쏘오냐가 도착하자 모래사장에서 기다리고 있던 신자들 사이에서 마녀를 찬송하는 노래소리가 일어났다.

"지금부터 13대 카비아님의 취임과 그 세례의식을 시작합니다."

신자들의 추천으로 쏘오냐의 보조역이 된 다섯 사람이 쏘오냐를 '마녀의 신체(神體)' 앞으로 안내하고 그곳에 무릎 꿇게 했다.

모여 든 100명 남짓한 신자들이 쏘오냐의 둘레를 빙 에워쌌다. 쏘오냐는 보조역의 지시에 따라, 우선 '신체(神體)'에 술을 따르고 또한 왼손가락을 베어서 낸 피를 신체에게 바쳤다.

쏘오냐의 긴 머리를 묶고 있던 종이가 잘려 나갔다. 그 종이는 12대 카비아가 쓴 임명장이었다.

이윽고 동물뼈로 만든 칼로 쏘오냐의 이마에 마녀의 표시가 그어졌다. 이마에는 약간 피가 배나왔다.

신자들은 손으로 박자를 맞추며 마녀의 노래를 소리높여 불렀다. 눈을 감고 가만히 시키는대로 하고 있는 쏘오냐는 단념한 심경에 놓여 있는듯 했다.

"우리의 마녀에게 행운이 있도록!"

남자 신자들이 느닷없이 쏘오냐의 몸을 들어올려 캄캄한 바다를 향하여 달려 들어 갔다. 쏘오냐는 공포에 떨며 신자들에게 꼭 매달려 있었다.

첨벙! 신자들은 바다로 뛰어들자, 느닷없이 쏘오냐의 몸을 물 속에 던졌다.

"엄마아!"

쏘오냐는 비명을 지르며 도망치려고 하였으나 사나이들은 두번, 세번, 계속하여 물 속에 던졌으므로 마침내 기절하고 말았다.

"카비아님, 당신의 힘을 나타내 보이소서!"

신자들은 기절한 쏘오냐의 몸을 바닷물 속에서 지탱하며 몇번이고 호소를 했다. 이윽고 쏘오냐는 눈을 뜨고 '텐즈는 죽어 있다!' 이렇게 말했다. 텐즈란 신자의 한사람으로 열흘 전부터 행방불명이 되어 있었다. 그것은 쏘오냐의 마녀로서의 첫번째 성명이었다.

사흘 뒤 텐즈의 자살한 사체가 산 속에서 발견된 것을 나는 신문에서 알았다.

나는 쏘오냐가 마녀가 되는 의식을 보았으나, 원시적인 으시시한 느낌의 것이었다.

과연 마녀 카비아가 된 쏘오냐가 얼마만한 힘을 낼 수 있을런지 정말 마녀에게 이상한 힘이 있는건지 나는 의문으로 생각하고 있다.

7. 저주받아 살해된 기수

[변심한 연인을 금지된 주술(呪術)을 써서 죽이고 말았다]

"저주받고 살해된 기수가 있다."

내가 미쵸아칸주(州)의 모레리아에 갔을 때의 일이다.

현지의 신문기자가 마치 어처구니없다는 듯한 말투로 가르쳐 주었다.

"저주받아서 살해되었다……"

나는 브라질에서의 취재에서, 마쿤바라는 주술(呪術)이 사람을 상하게 하기도 하고 때로는 죽게 하기도 하는 것을 이 눈으로 확인하고 있었으므로 그 신문기사처럼 어처구니없는 일이라고는 생각하지 않았으나 흥미도 있었으므로 곧 그 괴이한 사건을 조사하여 보기로 했다.

멕시코에는 '차로'라고 불리우는 오랜 전통을 지닌 경기(競技)가 있다. 이것은 '로데오'라는 이름으로 불리우고 있는 것과 거의 같은 것으로 야생마나 사나운 소를 써서 그것을 능숙하게 타는 경기이다.

멕시코 사람들은 유명한 투우를 구경할 때와 마찬가지로 차로 경기가 있는 날에는 모두 아름다운 민속의상을 입고 경기장에 가서 손에 땀을 쥐는 거친 경기에 정렬을 불태우는 것이다.

"후르스코 이겨라!"

바티오팀의 명기수인 후르스코(23세)도 인기있는 스타의 한사람이었다.

후르스코의 조상은 모두 차로의 명기수로 멕시코 안에 그 이름이 알려져 있었다.

그런 가문에 태어난 덕도 있어서 다섯살때 부터 승마를 시작한 후르스코는 두드러지게 능숙해져서 열두살때 부터 참피온 자리를 계속 지켜온 것이다.

젊고 화사한 후르스코에게는 젊은 여성을 비롯하여 꽤 많은 팬이 있었다. 그가 출전하는 경기는 반수 이상의 관객이 젊은 여성들이었다.

베르사(19세)도 열광적인 팬의 한사람이었다. 베르사는 열살때 부모를 따라 경기를 보러 가, 그곳에서 후르스코의 날렵한 승마 솜씨를 보고는 그의 팬이 되었다.

"저런 사람의 아내가 될 수 있다면……"

베르사는 어린 마음에 그런 꿈을 그렸다.

후르스코가 출전하는 경기에 베르사의 모습이 빠진 일은 없었고, 늘 선물을 보내는 그녀에게 어언 후르스코도 관심을 갖게 되었다.

눈이 샛별같은 귀여운 베르사에게 후르스코의 마음도 움직여 두사람은 차츰 친근해졌다.

"오늘 밤 함께 식사하러 가시겠습니까?"

베르사는 후르스코에게 초대를 받자 기뻐서 어쩔줄 몰라하며 아름답게 차려입고 나갔다. 그날 밤부터 두사람은 자주 데이트를 하게 되었다.

어떤 때는 후르스코가 운전하는 차로 드라이브를 즐기기도 하고, 어떤 때는 칵테일에 취하면서 댄스를 즐기기도 했다.

"멕시코시에 가보지 않을래?"

후르스코는 멕시코시에서 열리는 차로대회에 출전하러 갈 때, 베르사를 청했다. 베르사는 조금도 망설이지 않고 동의했다. 베르사의 부모는 그녀가 혼자서 멀리 가는 것에 반대를 했으나 그녀는 듣지 않았다.

베르사는 후르스코의 마음이 자기를 꼭 잡고 있다고 확신하고 있었던 것이다.

"나는 후르스코의 아내가 될 수 있어……."

베르사는 마음 속으로 그렇게 생각했다.

그 뒤에도 두사람은 자주 데이트를 했으며, 베르사는 후르스코로부터 프로포즈(결혼 신청) 당하기를 애타게 기다리고 있었다.

헌데 시간이 흐름에 따라 후르스코의 그녀에게 대한 태도가 차가워지고 데이트도 거절하기에 이르렀다.

"오늘 밤 식사하러 가지 않겠어요?"

베르사는 경기가 끝난 뒤 용기를 내서 후르스코를 청해 보았다. 하지만 그는 볼 일이 있어서 안된다고 거절을 했다. 헌데,

"후르스코 가요."

하고, 한 젊은 여성이 나타나 후르스코의 팔을 잡자 즐거운듯이 사라졌던 것이다. 베르사가 받은 충격은 대단한 것이었다.

"베르사 웬일이냐? 어디 아프냐?"

침대에 누운채 일어나려고도 하지 않는 그녀에게 부모는 걱정을 했으나 그때 베르사는 남몰래 한가지 큰 결심을 하고 있었던 것이다.

"후르스코를 저주하여 죽이고, 나도…… 죽는다."

베르사는 결심이 서자 다음 날 유카탄반도에 사는 할머니에게 갔다. 할머니는 기도사(祈禱師)의 딸로 유카탄 지방에 전해오는 주술(呪術)을 알고 있었다.

"바보같은 소리 하는게 아니다."

할머니는 주술을 가르쳐 달라고 하는 베르사의 부탁에 어이가 없어서 타일렀다. 하지만 베르사의 집요한 부탁에, 할머니는 손녀딸이 귀여운 바람에 금지되어 있는 주술의 비전(祕傳)을 가르쳐 주고 말았다.

"이상한데 쓰면 안된다."

할머니는 몇번이고 거듭 말했다. 베르사는 건성으로 대답을 하곤 집으로 돌아간다고 말하고 할머니 집을 나섰다.

베르사는 모레리아로 돌아오자 집으로 가지 않고 아파트를 빌었다. 그리고 주술에 필요한 도구를 사모았다.

양의 날 목아지와 그 선지피, 진흙, 은장도, 도오미타(특수한 향료), 뱀의 날고기……

그날 새벽 2시, 베르사는 문을 꼭 닫은 방 안에서 도오미타를 피우고 주문을 외우기 시작했다.

"저 미운 후르스코를 이 손으로 죽이는 거다. 지아세스도, 베스보데도, 구지구카드……"

그 주문은 주술에서 악령을 부르는 것으로 그 주문을 외우고 있는 사이에 악령이 베르사의 몸에 빙의되어 보기에도 무서운 몰골로 변해가는 것이다.

악령이 빙의된 베르사는 진흙을 양 피로 반죽하여 후르스코의 큰 형상을 만들어 나갔다.

사람들이 잠든 깊은 밤, 베르사의 무서운 주술 작업이 계속되었다. 이윽고 사흘째 후르스코의 형상이 완성되었다.

"후르스코, 너는 죽는 거다!"

악령이 빙의된 베르사는 미친사람인양 머리를 풀어헤치고 눈을 치뜨며 주문을 외우고 오른 손에 쥔 은장도를 우선 양의 생목아지를 찌르고 다음에 후르스코의 상을 난도질 했다.

기분나쁜 소리를 내며 후르스코의 목과 팔이 바닥으로 굴러떨어지고 몸체가 난자(亂刺)를 당했다.

다음 날 베르사에게 무서운 저주를 받고있다는 것을 꿈에도 알지 못하는 후르스코는 날렵하게 말을 타고 경기 가운데에서도 가장 어려운 '결사적인 바꿔 타기'를 시작하려 하고 있었다.

스타트하기 전 한 순간, 스탠드에 베르사의 모습이 있었던 것처럼 생각되었다. 게다가 그 베르사는 머리를 풀어헤치고 눈꼬리를 치켜

뜨고 손에 피투성이의 칼을 들고 있는 게 아닌가.

후르스코는 깜짝 놀라면서 스탠드를 다시 보았으나 베르사의 모습은 없었다.

"환각이었나……"

후르스코는 그렇게 혼자 중얼거리면서 스타트를 했다. 그라운드를 일주하고 마침내 두번째 도는 판, 후르스코는 호흡을 가누고 질주하는 야생의 거친 말에 올라탔다.

허나 다음 순간, 후르스코의 몸은 말잔등에서 튕겨 날아가 그라운드 구석에 있는 콘크리트 벽에 세차게 부딪치고 말았다.

순간적인 사건이었다. 팬들이 걱정하는 가운데, 후르스코는 병원에 실려 갔으나 곧 죽었다.

그로부터 며칠 뒤, 베르사의 자살시체가 발견되고 그 유서에는 '후르스코를 저주로 죽이겠다'고 하는 내용이 적혀 있었음은 말할 것도 없다.

8. 아스테카의 주술

[저주를 받은 우표는 찰삭 손바닥에 파고들었다]

"태양의 신이시여! 당신의 힘을 빌려주소서!"

소녀 기론다는 정성껏 기도를 했다. 아스데카족의 수호신인 태양에게 저주하는 힘을 빌려고 하는 것이다.

"저의 목숨을 바치겠습니다. 부디 저 사나이를 저주로 죽게 하는 힘을 제게 내려 주소서!"

기론다는 피라미드 꼭대기에서 내리쪼이는 태양에게 그녀의 피부를 드러내 놓고 기도하고 있다.

태양열로 뜨거워진 돌은 소녀의 살갗을 서서히 태우고 있다. 하지만 그녀는 꼼짝도 하지 않고 정성껏 기도를 계속하고 있다.

그녀의 태도는 보는 사람으로 하여금 공포감마저 자아내게 하는 처절한 모습이었다.

기론다는 지금 마음 속으로 한 사나이를 미워하고 있었다. 그 사나이란 두달 전까지 장차 결혼을 꿈꾸고 있던 연인 산초스였었다. 그 산초스에게 그녀는 버림을 받은 것이었다. 그 버림받은 방법이 잔인했다.

"내 약혼자를 소개할께……"

부름을 받아 나온 기론다에게 산초스는 한 여성을 소개하는 것이었다. 그 여성은 그녀도 잘 알고 있는 사람이 아닌가!

그토록 굳게 약속했었는데……

배신한 산초스에 대한 복수심이 기론다의 마음 속에 지글지글 끓어올랐다.

이 원수는 꼭 갚고 말거야……

기론다는 저주를 할 결심을 했다.

"그렇다! 이 우표를 쓰자……"

기론다는 수호신인 태양으로부터 주력(呪力)을 부여받았을 때, 그녀가 산초스에게 맡은 오래된 우표를 쓰기로 했다. 그것은 자마이카에서 40년 전에 발행된 것으로 발행 연월일에 잘못이 있는 진귀한 우표였다.

"교브지도, 감렌다……"

그녀는 조상인 아스데카족의 주술(呪術)을 우표에게 걸더니 악마와 같은 모습으로 주문을 외우며 저주하는 액체를 만들었다.

그 액체란 양젖에 자신의 손가락피를 섞어서 만드는 것이었다.

"교브지도, 산초스를 저주하라!"

기론다는 저주하는 글씨를 우표에 계속 썼다. 저주를 하는 무시무시한 목소리가 지하실로 가득 메아리쳤다.

"에그머니나…… 에그…"

저주를 끝낸 기론다는 그 우표를 산초스에게 우송하자마자 픽 쓰러지고 말았다.

그녀는 자기의 목숨과 맞바꾸는 저주를 한 것이다.

"앗! 이, 이것은……"

기론다에게서 보내온 헌 우표를 본 산초스는 노여움으로 온 몸을 떨었다. 산초스는 노여움으로 떨리는 손으로 우표의 구김을 피기시작했다. 이 우표는 멕시코에 몇장밖에 없는 귀중한 것이었다.

헌데 열심히 우표의 구김살을 펴고 있던 산초스는 갑자기 심한 두통이 엄습해 왔다. 눈 앞에 있는 우표가 이상하게 빛을 내더니 흰 바탕이 빨갛게 된듯한 느낌이 드는 게 아닌가!

말할 것도 없이 그것이 기론다에 의해 저주를 받는 것이라고는 눈치채지 못하고 있었다.

잠시후 현기증이 가라앉자, 그는 다시 우표를 손질하기 시작하였다. 하지만 다음 순간, 산초스는 검붉은 피를 토하고 쓰러지고 만 것이다. 그의 오른 손에는 저주를 받은 헌 우표가 찰싹 살갗에 박혀 들고 말았다.

병원으로 실려 간 산초스는 의사의 정성어린 치료도 헛되이 사흘 후에는 죽고만 것이다.

최근 멕시코의 오아하가에서 실제로 일어난 사건이다.

9. 나는 타비아가 아니다

과테말라시에 사는 타비아는 오래동안 병으로 입원하고 있었다. 죽는게 확실한 병이지만 부모도 의사도 어떻게든 그녀를 살려 주려고 필사적으로 노력하고 있었다. 하지만, 그런 소망도 헛되게 마침내 타비아는 돌아오지 않는 사람이 되고 말았다.

부모는 비탄에 젖어 있었으나, 죽은 사람은 살아 돌아오지 않는다. 훌륭한 장례식을 하고 아름다운 꽃으로 타비아를 장식하여 잠재우게 하는 게 부모에게 남겨진 오직 한가지 의무였다.

아름답게 장식된 유체를 관에 넣고 드디어 매장하려는 찰라였다. 믿을 수 없는 일이 일어난 것은

쾅! 쾅! 쾅!

관 안쪽에서 세차게 두드리는 소리가 났다. 그리고 죽은게 분명한 타비아의 외치는 소리가 들려오는 것이다. 깜짝 놀란 부모들은 관 뚜껑을 열고 거듭 놀랐다. 아름다운 꽃 속에서 타비아가 벌떡 일어났기 때문이다.

"타, 타비아……"

이 놀랄만한 사건에 부모들은 잠시 소리를 낼수조차 없었다. 이윽고 정신을 차린 어머니가 타비아의 몸을 끌어안았으나 타비아는 부모나 형제들을 이상하다는 듯이 둘러보면서,

"나는 아르젠틴의 마리다라는 애입니다. 당신네들은 알지 못합니다."

하고 말하는 것이었다.

"그, 그런 바보같은……"

부모들은 타비아가 죽음의 충격으로 머리가 이상해진게 아닌가 생각하고, 성의껏 그녀가 타비아임을 설명했으나 타비아는 알아듣지 못한다. 부모들은 어찌할 바를 몰랐다. 머리가 이상해진 것도 아니고, 그렇다고 이렇다할 뾰족한 수도 없다.

곤경에 처한 부모는 경찰에 부탁하여 조사해 본 바, 타비아가 죽은 같은 날 같은 시간에 아르젠틴의 브에노스아이레스에서 마리다라는 부자집 아가씨가 차에 치어 죽은 걸 알 수 있었다.

나는 이 이상한 현상을 과테말라의 심령과학자에게 해명해 받은 바에 의하면, 마리다의 영이 타비아의 육체를 빌어서 살아난, 세계에서도 유례가 없는 대단히 신기한 보기라고 말하고 있었다.

10. 칸든브레의 비밀의식

[현재 남아있는 가장 잔혹한 의식]

현재 남아있는 '가장 잔혹한 의식'으로 불리우는 것이 브라질의 살바도르에서 행해지고 있는 브랙·미사이다.

이 브랙·미사란 '칸든브레'라고 불리우는 비밀 종교의식으로서 그 신자가 되지 않는 한 이것을 볼 수 없지만, 나는 특별히 허가를 받고 그 모습을 볼 수 있었다.

강렬한 리듬으로 두드리는 아다바케(봉고와 비슷한 타악기)의 소리가 방안에 울려퍼지고 있었다.

신자는 모두 흑인 뿐이다. 방 안은 자욱하게 피어오르는 향내음과 흑인 특유의 체취로 토할 것만 같았다.

이제부터 어머니의 병을 고치려는 일념으로 입신(入信)한 소녀 노비아(15세)의 입신식이 거행되는 판이다.

칸든브레는 행복의 신(神)

칸든브레는 구원의 신(神)

칸든브레는 마음의 신(神)

아다바케의 소리에 맞춰 손뼉을 치면서 모여 든 신자들이 노래하기 시작했다.

노래하는 투가 마치 주문을 외우고 있는 것처럼 들린다. 이윽고 얼굴에 흰 천을 감고 흰 레이스 저고리와 치마를 입은 여성의 '성스러운 신의 아들'이 들어 왔다. 남성은 모두 흰 저고리와 바지를 입고 있다.

"이리 오시오."

몹시 뚱뚱한 여성 제주(祭主)가 모습을 보이고, 나를 정면의 제단 가까이에 불러냈다.

나는 일제히 주목하는 검은 살갗의 신자들의 호기심어린 눈초리를 받으며 지정된 의자에 앉았다.

야우오[입신(入信)하는 사람을 이름]가 왔다.

야우오야, 마음을 정결히 하라!

'주문의 노래'가 달라졌다. 이윽고 안기듯이 부축받은 노비아가 들어왔다. 그녀는 제주 앞에 무릎 꿇고 지긋이 눈을 감았다.

"신이여! 이 야우오를 받아주소서."

제주는 주문을 웅얼거리며 가위를 들자 노비아의 검은 머리를 싹둑 잘라냈다. 노비아의 뺨이 순간 실룩거리고 감은 눈으로 빛나는 것이 흘러내렸다. 제주는 다음에 면도칼로 소녀의 머리를 말끔히 밀어버렸다.

노비아의 볼을 흐르는 빛나는 것이 그녀의 마음의 괴로움, 슬픔을 나타내고 있다.

"거룩한 피로서 더러워진 피를 청결케 하라."

마침내 의식이 크라이막스에 이른다. 제주의 말에 따라, 닭과 양이 끌려 왔다.

제주에게서 칼을 건네 받은 사나이가 느닷없이 닭의 목을 향하여 칼을 찔렀다. 죽 뻗치는 따뜻한 닭피가 노비아에 머리에 쏟아진다.

다음에 양의 목이 잘리고 역시 그 선혈(鮮血)이 노비아의 머리에 부어졌다. 노비아는 피로 벌겋게 물들면서 몸을 떨고 그 고통과 무서움을 꾹 참고 있었다.

나는 의식이 끝나기를 기다려서 피투성이가 된 노비아에게 물어보았다.

"노비아양 지금 어떤 기분입니까?"

"잘했다고 생각합니다. 이것으로 어머니의 병이 하루 빨리 좋아지기만 한다면……"

노비아는 입으로 흘러들어가는 피를 닦으면서 작은 소리로 말했다.

"어째서 이런 잔인한 짓을 하는 겁니까?"

나의 질문에 노비아는 잠시 말없이 있더니, 솟구치는 눈물을 꾹 참으며 '어머니가 돌아가시면 곤란합니다.' 이렇게 말하고 덧붙여 자세한 것을 말해 주었다.

노비아의 어머니는 반년 전부터 병으로 자리에 누운채였다. 병명은 암이었다. 하지만 암을 의학적으로 고칠 수는 없다.

노비아의 아버지도 3년 전에 암으로 죽은 것같다. 노비아에게는 남동생 넷과 세명의 여동생이 있다. 만약 어머니가 죽으면 여덟 남매는 고아가 되고 만다.

"그러니까 하나님께 부탁하여 어머니를 낫게 해달라는 겁니다."

하나님께 부탁하여 암이 낫는 것일까? 나는 의문을 느꼈으나, 저 잔혹한 피의 입신식을 하여서까지 어머니의 병을 고치려고 하는 노비아의 아름다운 마음씨에 감동이 되어 그 말은 할 수 없었다.

신(神)의 자식이 된 노비아에게는 이미 보통 소녀로서의 자유는 없어지는 것이다.

“그래도 좋습니다. 어머니가 좋아져서 우리 남매들이 고아가 되지 않으면……”

이 피의 입신식을 맞이하기까지 노비아는 신의 자식이 되기 위하여 작은 방에 3개월 동안이나 갇혀서 수도를 쌓아온 것이다. 그 수도란, 온 몸의 털을 깍이고 온 몸에 상처를 내게 하고 인간으로서의 더렵혀진 피를 뽑아낸다는 잔인한 것이었었다.

졸음이 오거나 집안 일 같은 걸 생각하고 있으면 채찍으로 맞기도 하였다. 3개월 동안 하루 한끼의 식사라는 엄격한 수도를 받고, 노비아는 신의 자식이 되는 것을 허락받았던 것이다.

마지막으로 나는 노비아에게 물어보았다.

“날마다 한번 이곳에 와서 하나님을 위해 일을 합니다.”

“어머니의 병이 낫도록 기도하고 있어요.”

나는 피로 물들은 노비아의 손을 잡고 작별인사를 했다.

PHOTO.REPORT

4차원 세계의 공포

死靈

엑토프라즘(幽體)

PART 1

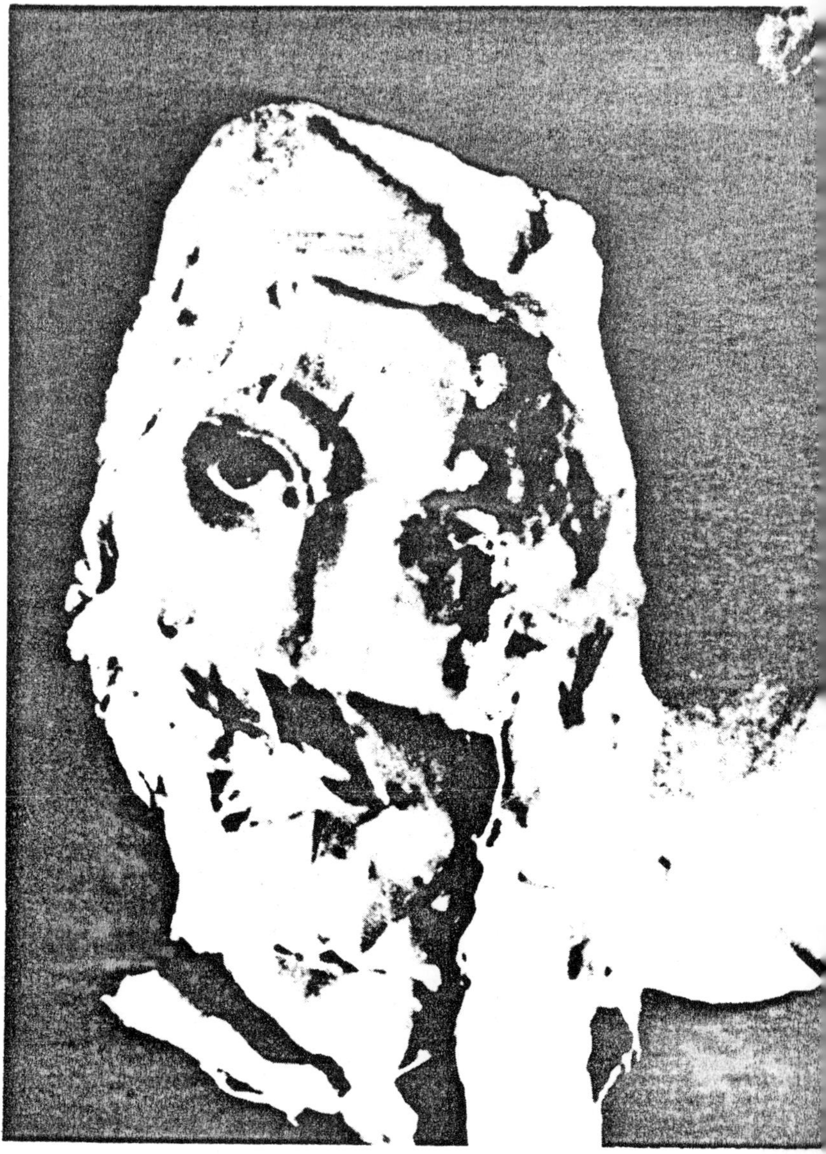

심령해부 9

미국의 유명한 영능력자에 의하여 행해진 엑토프라즘을 실험한 사진이다.

영능력자의 오른 쪽 어깨에 죽은 사람의 얼굴이 엑토프라즘에 싸여서 나타나 있다.

이 실험사진이 믿을 수 있는 것인지 어쩐지에 대해서는 미국에서 의견이 둘로 나눠져 있고, 나도 의문스럽게 생각한다.

심령해부 10

이 사진이 찍힌 연월일은 분명치 않다. 영국의 어느 부자의 저택에서 찍은 것이다. 이 집에는 옛부터 영체가 있다고 전해지지만 이렇듯 뚜렷이 사진에 찍힌 것은 처음 있는 일이라고 한다.
계단의 중앙 난간 윗쪽과 계단에도 사진을 옆으로 해서 보면 몇개의 영이 찍혀 있다. 영체는 반물질화(半物質化)된 엑토프라즘으로 나타나 있다.

심령해부 11

덴마크에서 열린 강령회(降靈會)에서 찍은 신기한 사진이다.

강령중에 의자가 떠오르고 모여있는 사람들의 머리 너머로 훽 날은 것이다.

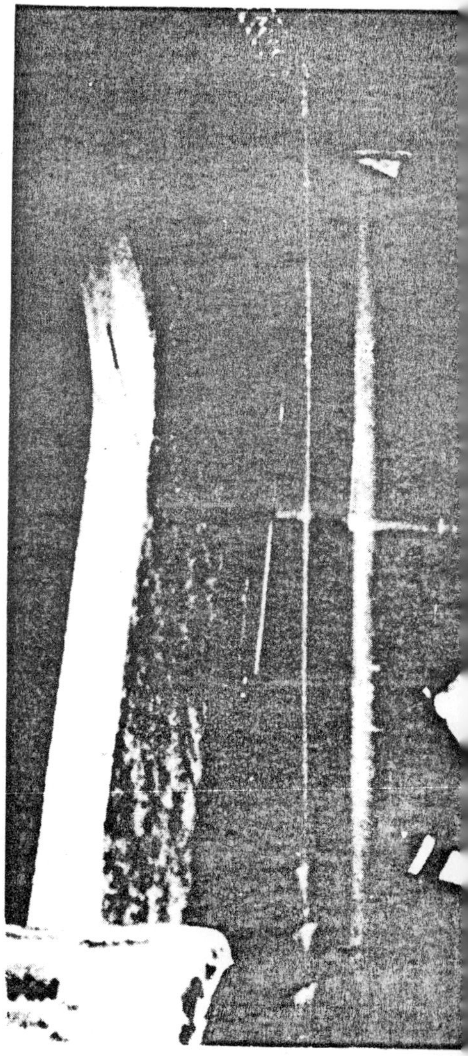

심령해부 12

미국에서 찍힌 심령사진이다. 이 중에서 몇사람들이 기념사진을 찍은 것인데, 엑토프라즘이 반물질화(半物質化) 상태에서 찍혀있고 남녀처럼 보인다. 게다가 뚜렷한 확증이 없고 분명치 않으나, 매우 이상한 사진이다.

심령해부 13

여기 소개하는 2개의 사진은 심령연구하는데 매우 귀중한 것이다.

이 사진은 1930년대에 영국에서 찍은 유명한 것이다.

찍혀있는 것은 요정이라고 한다. 요정이 사진에 찍힌 것은 이 사진 뿐이다. 정말 동화에 나올 듯한 요정의 모습이 아닌가!

저주 받은 사람의 공포의 보고서!

원 혼 령

1
우표 수집광

무섭도록 조용한 깊은 밤, 무덤의 흙을 파는 삽질소리.
오싹 소름이 끼칠 영기(靈氣)가 주위에 감돈다.

"내가 죽걸랑, 반드시 우표를 관 속에 넣어 줘!"

그리스의 아테네에 사는 아로빈씨는 입버릇처럼 늘 이렇게 말했었다.

아로빈씨는 열광적인 우표수집가로 50년 전부터 재산을 기울여 가며, 진귀한 우표를 사모으고 있었다.

아테네에는 또 한사람 갸르로라는 우표 수집광이 있었으나, 그가 가지고 있는 우표 수는 아로빈씨와는 비교도 되지 않았다. 헌데 최근에 아로빈씨가 갑자기 죽는 사고가 생겼다. 그래서 가족들은 아로빈씨의 유언에 따라 수집한 모든 우표를 시체와 함께 관에 넣었다.

"에그 아까워라……!"

아테네의 수많은 우표수집가들은 침을 흘릴 지경으로 애석해 했다. 그도 그럴 것이 아로빈씨가 수집한 우표에는 두번 다시 세계 시장에 나돌 수 없는 진품이 수없이 많았기 때문이다.

"애석하다. 그 우표만이라도 어떻게든 갖고 싶은데……."

소문을 듣고 갸로르도 발을 구르며 분하게 생각했다.

그 우표란, 50년전 홍콩 정청(政廳)에서 발행한 우표였다. 그 때도 갸로르는 아로빈씨와 심한 경쟁을 벌이다 마지막으로 아로빈씨가 부른 터무니없이 비싼 값에 항복을 하였다는 사연이 붙은 우표이다.

"어떻게든 그 우표를 갖고싶다."

갸로르는 일도 손에 잡히지 않고, 골돌히 생각하고 있었다. 상식으로서는 입관이 되어 묘지에 묻힌 것은 어떻게 할 수도 없는 것이지만 그래도 갸로르는 어떻게건 하고 싶었다.

"그렇다! 이 방법밖에 없다. 이거다!"

갸로르는 생각하고 또 생각한 끝에 마침내 무덤파는 걸 결행하기로 했다.

죽은 사람의 무덤을 파헤쳐 우표를 훔쳐낸다. 아무리 갸로르라 할지라도 죄악감에 시달렸지만 망서리고 또 망서린 끝에 결국 이 나쁜 짓을 결행하기로 했다.

푹, 푹, 푹…

무섭도록 고요한 깊은 밤, 묘지에 울려퍼지는 삽질 소리. 오싹하는 영기(靈氣)가 갸로르를 에워쌌다.

"이, 이것이다! 마침내 찾았다! 히히히히……"

목적한 우표를 마침내 찾아낸 갸로르는 혼자 어둠 속에서 악마와 같은 소리를 내고 있었다.

으, 으으윽, 으……"

그로부터 2주일쯤 지난 어느날 밤, 갸로르는 땀초가 되어 괴로워하고 있는 것을 집안 식구가 깨웠다.

"아, 아, 아로……"

갸로르는 순간적으로 입 밖으로 나오려던 말을 황급히 삼켰다. 그리고 서재로 달려가기가 무섭게 금고 안의 그 홍콩 우표를 조사해 보았다.

"여, 역시 꿈이었구나……"

갸로르는 마음이 놓였다. 그리고 악몽을 잊기 위해 술을 마시고 다시 자리에 누웠다.

하지만 겨우 잠이 들자, 다시금 소름 끼칠 만한 일이 일어났다.

얼굴 반쪽이 뭉글어지고 오른 손을 잃고 피투성이가 된 아로빈씨의 망령(亡靈)이 갸로르에게 다가온 것이다.

"돌려 줘, 돌려 줘, 우표를 돌려 줘!"

아로빈씨는 작은 소리로 말하면서 갸로르의 목을 조였다.

"사, 살려 줘!"

갸로르는, 죽을 힘을 다하여 아로빈씨의 왼 손을 떨쳐버리려고 했으나 좀처럼 떨어지지 않는다.

정신없이 침대에서 기어나와, 바닥 위를 도망다니고 있는 현장을 가족에게 들켰다.

"귀, 귀신이…"

가족들이 묻자 갸로르는, 아로빈씨에 대한 일만은 말하지 않았다. 그런 일이 있은 뒤부터는, 아로빈씨의 망령은 매일밤처럼 갸로르를 괴롭혔다.

"잘, 잘못했어. 도 돌려줄께."

갸로르는, 마침내 머리가 돌고 말았다.

"아로빈의 홍콩우표를 훔쳤다!"

정신이 이상해져서 소리치는 갸로르의 말에, 가족들도 겨우 짐작을 하여 그 홍콩 우표를 아로빈 집안에 돌려주려고 하였으나, 이상하게도 우표는 사라지고 말았다. 그리고 그 우표가 들어있던 앨범에 핏자국이 남아 있었다.

"이건 틀림없이 아로빈의 망령이 가져 간 거야…."

지금도 그렇게 소문이 돌고 있다.

2 아마존의 100세소녀

가장 아름다운 소녀의 미소가 가장 무서운 노파의 모습으로 변화했다… 아마존에 전해오는 100세 소녀의 이야기

"그릇된 말은 하지 않으니까, 그만 두시오. 반드시 무서운 결과가 된다니까."

현주민의 말에도 두사람의 젊은이는 귀를 기울이지 않았다. 젊은이는 대학생인 단힐과 그의 친구 로지였다.

브라질의 아마존강에 전해 오는 무서운 전설을 확인하려 한다는 것이다. 그 전설이란, 해가 져서 어두워지면 어데선지 모르게 작은 배를 탄 아름다운 소녀가 나타나, 그 소녀를 본 사람은 반드시 살해된다는 것이다.

"이 문명시대에 그런 황당한 일이 있을 턱이 없어."

원기왕성한 두 사람은 어느 날 밤 강으로 배를 저어나가기 시작했다. 단힐은 호신용 라이플총을 겨누고 사방을 경계하고 있었다.

얼마동안 배를 저어 가자 앞쪽에서 첨벙첨벙 물살을 긋는 소리가 들려 왔다.

"쉬, 뭔가 온다."

두 사람은 재빨리 얼굴을 마주보았다. 이윽고 어두운 수면에 뽀얗게 떠오르듯 작은 배가 나타나고, 타고 있는 사람의 모습이 틀림없

는 여성이었다.

"전설의 소녀다…."

로지의 목소리는 떨려 있었다.

"서, 설마…"

단힐은 총의 방아쇠에 손을 댔다. 배는, 두사람의 배에 소리없이 다가왔다. 소녀는 아름답고, 두 사람을 향하여 미소짓듯이 손을 흔들고 있는게 아닌가!

하지만 배가 스치는 순간, 소녀의 모습은 배 위에서 사라지고만 것이다.

"……?"

팔팔한 두사람일지라도, 등어리에 찬기운이 감돌고, 온 몸이 사시나무 떨듯했다.

두리번 두리번 사방을 둘러보고 긴장하고 있는 두 사람의 귀에, 갑자기 요란한 물소리가 들려 왔다.

"나, 나왔어!"

창백해진 로지가 공포의 외마디 소리를 질렀다.

단힐은 총을 쥔채 꼼짝도 할 수 없었다.

무심히 뒤를 돌아다 본 로지의 눈에, 어느 틈에 두사람의 배에 올라탔는지, 조금 전의 아름다운 소녀가 미소짓고 있는 모습이 보였다. 그리고 그 아름다운 얼굴이 갑자기 무너져 내리며 보기에도 무서운 노파로 변화하기 시작한 것이다.

백발을 풀어헤친 노파는 비릿한 냄새를 풍기더니 두사람을 덮치려는 듯이 다가 왔다.

"으악— !"

요란한 비명소리가 났다. 다음 순간 단힐은 더할 수 없이 무서운 광경을 보았다.

백발의 노파가 비틀어 땄는지, 노파의 손에 친구 로지의 목이 잡혀 있었다. 그 목에서는 피가 뚝뚝 떨어져 있다. 단힐은 정신없이

강으로 뛰어들어 필사적으로 도망쳤다.

이틀뒤, 아마존강 주류의 가운데에 위치한 거리인 미나우스를 온 몸에 피가 베이고 너덜너덜한 옷을 입고 비틀거리며 헤메고 있는 한 사나이가 있었다.

사람들은 미친 사람이 지나간다고 하며 달려 왔으나,

"무서워, 소녀가 무서워…"

이렇게 중얼거리는 소리를 듣자,

"역시, 100세 소녀의 저주로 정신이 이상해진 거야."

하고 소근거렸다.

아마존강에 무서운 소녀가 나타난다는 이야기는 이미 100년 넘어 예전부터 전해지고 있기 때문에 어느 틈엔가 100세 소녀라는 이름이 붙은 것이다.

그 뒤의 단힐에 대해서는 아무도 아는 바가 없다.

3 K호텔 183호실

아무도 있을 턱이 없는 객실에서 전화기를 통하여 신음소리가 … 그 방은 3년 전에 살인사건이 있었던 방이다.

"찌리링 찌리링"

호텔 카운터의 전화벨이 요란하게 울렸다. 졸리운 것을 참으며 뒷정리를 하고 있던 보이가 깜짝 놀라 수화기를 들었다.

"으윽, 괴, 괴로워… 빨리 의사를…"

호텔 보이 귀에 들린 것은 여자의 신음소리였다.

호텔 보이는, 그 괴로워 하는 음성에서 예삿일이 아님을 느끼며 곧 의사에게 연락을 하였으나…

"예, 그래요, 183호의…"

방의 번호를 말한 순간 호텔 보이는 얼굴이 창백해졌다.

183호—아니, 그 곳은 빈방이고 손님이 있을 턱이 없었다.

프랑스의 리모오즈에 있는 K호텔에서 최근에 있었던 일이다.

똑 똑

183호실에 달려 간 호텔 보이는 문을 두드리고 열려고 하였으나 잠겨 있었다. 그래서, 예비로 가져 간 열쇠로 문을 열고, 방으로 들어간 호텔 보이는,

"으악!"

아니, 방안에는, 3년 전에 이 방에서 원한때문에 살해된 여자의 유령이 무서운 모습으로 서 있는게 아닌가!

기겁을 하게 놀란 호텔 보이는 기다시피 도망치려고 했으나, 그 순간 여자의 유령이 소리없이 다가와, 호텔 보이의 뒷통수를 차디찬 손으로 잡았다.

의사와 지배인이 달려왔을 때 이미 여자 유령은 없었고, 목 뒤에 검붉은 손톱자국이 난 호텔 보이가 기절을 하여 쓰러져 있었다.

183호실은 현재는 온통 못질을 하였으나 무시무시한 여자의 신음 소리가 난다는 것이다.

4
다시 태어난 소년

자기를 죽인 아버지에게 복수하려고 하는 소년의 영이 같은 시각에 죽은 소년의 육체에 재생(再生)되었다…

청진기를 천천히 떼면서 의사는 필사적으로 매달리는 듯한 눈초리로 바라다보는 부모에게 침침하게 가라앉은 표정으로 말했다.

"안됐지만, 임종입니다."

순간 어머니의 얼굴이 일그러졌다. 아버지는 오직 멍청히 서있는 채였다.

"로브! …로브!"

마치, 조용히 잠자고 있는 듯한 외동 아들 로브의 몸을 어머니는 쓸어져 울며 세차게 흔들어 댔다. 하지만 그 눈은 다시는 뜨려고 하지 않았다. 몽고의 초이발산에서 최근에 일어난 일이다.

이 반달 동안은 몇사람의 의사가 진찰을 하여도 전혀 원인을 알 수 없는 이상한 병에 걸린 로브 소년은 마침내 13년이라는 짧은 생애를 마치고, 지금 차로 집에 실려가려고 하고 있다. 그리고 차가 집에 도착하여 차디찬 로브가 들것으로 집 안에 실려가려는 때였다.

갑자기 어머니가 겁에 질린 듯이 쇠소리를 냈다.

"악! …로, 로브의 손이… 움, 움직였다!"

"뭐라고! 손이!…"

따라 왔던 의사 지르지는 깜짝 놀라 달려 오더니, 급히 로브의 몸에 걸친 흰 천을 젖혔다.

그 순간, 의사는 정말 믿을 수 없다는 듯한 표정으로 서둘러 로브의 맥을 보고, 심장에 귀를 댔다.

"이 이것이 어찌 된 일이람!"

분명히 로브의 심장은 쿵쾅, 쿵쾅 하고 소리를 내고 있는 게 아닌가!

살아난 것이다. 로브는 숨이 넘어가서 죽음의 세계를 방황한지 50분 만에 다시 이 세상으로 살아나온 것이다.

부모는 들것 위에서 벌떡 일어나 사방을 두리번거리고 있는 로브를 양쪽에서 꼭 껴안으며 기쁜 눈물을 흘리고 있었다.

헌데 그로부터 몇분이 지나자 로브의 입에서 뜻밖의 말이 나왔다.

"당신들 누구예요?"

자기를 끌어안고 울고 있는 두 사람의 얼굴을 이상한 듯이 보면서 말하는 로브에게 부모는 머리 위에서 찬물을 끼얹은 것처럼 몸이 굳어졌다.

"무슨 소리를 하는 거냐? 로브! 너는 로브다! 난 너의 엄마잖아 …"

꾸짖듯이 말하고, 어머니는 로브의 어깨를 두 손으로 세차게 흔들었다. 하지만,

"그만 두세요."

소년은 그 손을 뿌리쳤다.

"난 로브가 아녜요! 내 이름은 도비르라고 해요."

"얘!… 얘야, 설마?"

부모도 의사도 로브가 한번 죽은 충격으로 머리가 돌았나보다고 생각했다. 하지만 로브의 진지한 말투에는 도저히 거짓말이라는 걸 느낄 수 없었다.

그렇다곤 하나 도저히 믿을 수 없는 사태에 의사는 로브가 한시간쯤 전에 병으로 죽은 것을 이야기해 주었다. 그러자 로브는,

"아냐! 난 병 같은 걸로 죽은 게 아냐! 난… 아버지에게 살해된 거야!"

내뱉듯이 말대답을 했다.

이렇게 되니, 모두들 이 살아난 로브가 도비르라는 소년이 재생된 거라고 생각하지 않을 수 없게 되고, 반신반의 하면서 소년이 이야기를 듣기로 했다.

그 이야기에 의하면….

도비르 소년의 어머니는 일년쯤 전에 병이 들어 죽었다. 아버지는 처음 얼마 동안은 도비르를 돌봐 주었지만, 이윽고 그것은 귀찮아지고, 일주일도 열흘도 집에 돌아오지 않는 일이 계속되었다.

그런 냉냉한 생활이 몇달이나 계속된 어느 날, 아버지가 한 젊은

여자를 데리고 돌아왔다.

"알겠니, 도비르, 이 사람이 오늘부터 새엄마가 된단다. 말 잘 들어야 한다."

아버지는 그렇게 말했으나, 도비르는 그 여자를 아무래도 좋아할 수 없었다. 다정했던 친어머니와 너무도 느낌이 다른 탓이었다.

그런 도비르의 마음을 알았는지 그로부터 사흘째 되던 날 밤,

"난 싫어요! 저런 애하고 이젠 단 일분도 함께 살 수 없어요."

"그런 말이 어디 있어…"

"아녜요. 어떻게 해달란 말예요…"

이렇게 말하는 아버지와 여자의 목소리가 들려 왔다.

그 다음 날, 아버지는 왠지 모르게 다정한 목소리로 도비르에게 말을 걸었다.

"어떤, 말 태워 줄까!"

그렇게 말하자마자 아버지는 도비르를 함께 말에 태우자, 채찍을 내리치고 달리기 시작했다. 그리고 한시간, 갑자기 아버지의 큰 손이 덥석 도비르의 목덜미를 잡고 느닷없이 말 위에서 소년을 밀어 떨어뜨린 것이다.

도비르는 정통으로 머리부터 땅에 떨어졌다. 그리고 정신이 희미해지는데, 아버지가 탄 말이 되돌아 와서 자기 위에 덮치는 걸 느꼈다.

이 이야기는 곧 경찰에 알려졌다. 경찰은 곧 도비르 소년이 말하는 곳에 가보니, 틀림없이 그가 말한 집도 아버지도 존재했다. 하지만 그 아버지는,

"틀려요. 내가 죽인 게 아니요! 그 놈이 떨어져서 죽은 거요."
하고 주장을 했다. 하지만 도비르의 무덤을 파본 경찰은 그곳에 무참하게 죽은 도비르의 시 체를 발견하고, 곧 아버지를 체포했다.

이 사건에 대해서 몽고의 심령학자 자키로 박사는 이렇게 말했

다.

"로브군과 도비르군의 사망 시간이 거의 일치하고 있었습니다. 그리고 자기를 죽인 아버지에게 결렬한 미움을 가진 도비르군의 영은 죽어도 고이 죽을 수 없어, 마침 같은 때에 죽은 로브군에 육체에 재생된 것입니다."

이번의 사건은, 영의 존재를 증명하는 것이고, 원한을 갖는 영은, 반드시 어떠한 형태로든 상대방에게 복수하는 것이라는 좋은 본보기입니다.

5
원숭이 소녀 마리아

동물의 재앙을 일으키는 사령(死靈)에 빙의됐기 때문에, 불행한 여자애가 태어났다.

브라질의 미나스제라이스주에 있는, 작은 마을 구움베에서의 일이다. 마을 사람들은, 아침에 갓 태어난 어린이를 보고,

"에그머니나……!"

하고 놀라 소리를 질렀다. 그 얼굴 하며, 체격 하며, 도저히 사람으로 생각되지 않는 기분나쁜 형상으로, 몸에는 털이 복실복실 나있었다.

"봐라! 그러니까 그 여자와의 혼인을 반대했던 거란다."

그거 샘통이다고 여기기라도 하듯, 아이의 어미를 들볶는 시부모….

"쥰즈 집안에는, 동물의 재앙을 일으키는 사령이 빙의되어 있으니까, 결혼시켜서는 안된다."

영능력자는 두 사람의 결혼을 이렇게 점치고 있었다. 하지만 애아빠는 그런 것은 미신이라고 하면서 부모의 반대를 무릅쓰고 결혼했던 것이었다. 그렇게 결혼 2년만에 간신이 태어난 아기가 마리아였다.

어머니는 불행한 운명을 안고 태어난 마리아를 어떻게든 구하려

고, 이곳 저곳으로 다니며 약이 있다는 말을 들으면 아무리 먼 곳이라도 험한 산길을 넘어서라도 갔었다.

하지만 마지막으로 의지할 곳은 영능력자의 힘 뿐이었다.

'재앙을 일으키는 사령(死靈)은 제령하는 게 우선이다.'하는 말을 듣고 어머니는 마리아를 위해 힘이 드는 수도를 쌓았다. 하지만, 그 효과는 나타나지 않았다.

"이대로 크면 마리아가 불행해질 뿐인데…"

어머니는 절망한 나머지 마리아와 함께 죽으려고 까지 한 일이 몇번이고 있었다.

세월이 흘러 마리아는 점점 커갔으나, '아, 아, 아…'라고 밖에는, 말을 할줄 몰랐다.

커감에 따라, 낮게 찌그러지는 코, 눈 꼬리가 치켜오르는 눈, 그 얼굴은 점점 미워지고, 몸의 털은 길게 시커멓게 돼 갔다.

"남의 눈에 띄지 않는 곳에서 이 아이와 둘이서 살아야지…"

각오를 한 어머니는 남편과 이혼을 하고, 마리아와 인가에서 떨어진 오막살이에서 살았다. 하지만 마리아는 '킥, 킥, 킥, 하고 동물이 지르는'것같은 소리를 낼뿐 말을 가르쳐 줘도 외우지 못하고 숲속을 뛰어다니며 나무 열매를 따서 먹거나 새를 날 것으로 먹거나할 따름이었다.

어머니는 필사적으로 신에게 기도했다.

"부디 이 아이를, 여늬 사람이 되게 하여 주십시오. 그러기 위해서는 저는 어떻게 되던 상관이 없습니다."

하지만, 하늘은 그 필사적인 소원도 들어주지 않았다.

어머니의 소망과는 반대로 마리아는 차츰 원숭이 처럼 되어갔다. 또한 마음에 들지않는 일이 있으면 어머니에게 덤벼들게까지 되었다. 게다가, 먹는 것은 닭이니 돼지같은 것의 피가 뚝뚝 떨어지는 날고기를 즐겨 먹는 것이다.

돈이 없어서, 날고기를 사줄 수 없으면 이웃 집에서 닭을 훔쳐

와서는, 그것을 뜯어먹는 형편이다.

"마리아를 위해서라면…"

하고 어머니는 두번째 남편과 결혼을 했다. 하지만, 일년이 지나서 아기가 태어나자 두번째 남편은 '아기를 위해서 좋지 않으니까, 마리아를 다른 곳에서 혼자 살게 하라'고 냉정하게 말하는 것이었다.

"마리아, 용서해줘 하지만 하루 세번은 꼭 올께."

어머니는 눈에 가득 눈물을 글썽이고 있는 마리아를 울면서 움막으로 옮겨 놓았다.

"본디아 · 마리아(저주 받은 마리아)"

마을 사람들은 이렇게 말하고 매일 매일 마리아에게 돌을 던지며 괴롭혔다. 하지만, 어머니만은 비가 오나, 바람이 부나 하루도 거르지 않고, 아침 점심 저녁으로 마리아가 좋아하는 날고기나, 나무 열매를 날아다 주었다.

"불쌍하게도 어째서 너만이 이런 모습이 되었단 말이냐?"

어머니는 응석부리듯이 안기는 마리아의 어깨에 다정하게 손을 얹고, 운명의 장난에 우는 내 아이를 위해 눈물을 흘리는 것이었다.

재혼한 뒤 어머니는 다섯 아이를 나았으나, 모두 건강한 아이였다. 그런데 어째서 마리아만이…

"마, 마, …"

최근에 단 하나만 외운 말을 하면서, 아이들 곁으로 돌아가는 어머니의 모습을 바라다 보는 마리아의 눈에 빛나는 것이 고여 있는 것을 아무도 알지 못한다.

틀림없이 마음 속에서는 '어째서, 나만이… 하나님…'하고 부르짖고 있는게 틀림없다.

싼파우로 의대(醫大)의 모르세 박사는,

"분명히 돌연변이적인 이상한 인간이다. 이 얼굴, 체격은 원숭이의 유전자(遺傳子)라는 것도 생각할 수 있는 게 아닐까요?"
라고 말하고 있다.

이 불쌍한 '원숭이 소녀' 마리아의 일은 예전에 일본의 주간지에서도 취급하고 꽤 큰 반응을 부른 것이다.

보통여자 아이로 되돌아 갈 날을 마음 속으로 기도하지 않을 수 없다.

6 얼굴나무

입도 코도 눈도 분명히 나타나있는 괴목(怪木)이 있다. 이것은 잉카의 저주라고 말하고 있으나…

페루의 브가르 지방에는 사람들이 '잉카의 저주'라고 부르는 괴목(怪木)이 있다.

이 괴목은 줄기의 굵기가 직경 50센티 가량의 소나무의 일종이나 이게 웬일일까. 그 줄기에 사람의 얼굴이 두개나 달려 있는 것이다.

눈도, 코도, 입도 뚜렷하게 있는 이 얼굴은 누군가가 조각한 것이 아니라, 수백년 전부터 그곳에 있었다고 한다.

전해지는 이야기에 의하면 그 옛날, 잉카사람인 젊은 남녀가 이 나무에 묶여 스페인 사람에 의해 화형을 당한 탓으로 이 나무에 붙어있다고 한다.

또한 이 괴목은 해마다 2월 12일과 6월 20일에 그 눈에서 붉은 액체인 '눈물'을 흘리는 것이다. 그러므로 이 날이 되면 많은 사람들이 모여 두 사람의 영을 제사지낸다는 것이다.

7 미이라를 싼 천

아버지가 출장간 곳에서 구해 온 천은 악몽 속에서 무서운 주술사(呪術師)들이 몸에 지니고 있던 천과 아주 꼭 같은 모양이었다…

가을이라고 하는데 무더운 밤이었다. 다모다 청년은 몇번이나 침대 위에서 몸을 뒤채고 있었다.

그날 그는 싸커 시합때문에 몸이 지쳐 있었는데 어찌된 셈인지 잠을 이룰 수 없었다.

옆 방의 시계가 새벽 2시를 쳤을 무렵 다모다는 간신이 잠이 들려고 했다.

무거워진 몸이 수족의 자유를 잃고, 어덴가 깊은 골짜기로 빨려들어 가서 떨어지는 것 같았다.

그곳은 칠흑같이 어두워서 아무 것도 보이지 않는 곳이었다. 멀리서 희미하게, 빨간 불 같은 것이 하늘거리며 움직이고 있는 것이 보였다.

"어데일까?…"

다모다는 눈을 부비며, 열심히 사방을 살펴보려고 했으나, 어두워서 아무것도 보이지 않았다. 그래도 다모다는 기다시피하여 아련히 보이는 빨간 불빛 쪽으로 다가갔다.

그렇게, 간신이 몇미터 나갔을 때였다.

"으음…"

다모다는 급히 입과 코를 막았다. 피가 썩은듯한 냄새와 이 또한 기분이 나빠질듯한 향내가 흘러 온 것이다.

울렁거리는 가슴을 간신히 진정시켰으나 마침내 참을 수 없어 토하고 말았다.

다모다는 어둠 속에서 이상한 냄새에 시달리면서도 더욱 몇미터 기어 나갔다. 그 때 조금 전까지 보였던 빨간 불이 꺼지고 뭔가 하얀 것이 다가왔다. 다모다는 숨을 죽이며 무시무시한 하얀 것을 물끄러미 뚫어지게 보았다.

으시시한 바람을 일으키고 다가온 하얀 것은 느닷없이 그의 몸을 휘감아 왔다. 그것은 하얀 천 같은 것으로 치끈거리는 찬 느낌이었다.

그 차가움에 다모다는 창백해지고 있는 힘을 다하여 그것을 떨쳐 버리려고 했다.

"자, 덤벼라!"

갑자기 어둠 속에서 굵은 사나이의 목소리가 들렸다.

"누구냐, 나와라!"

다모다는 목 쉰 소리로 외쳤다. 그러자 어둡던 주위가 희미하게 밝아지고 머리에서 부터 하얀 천으로 만든 삼각두건을 푹 뒤집어 쓴 사나이가 모습을 드러냈다.

사나이가 입고 있는 흰 천의 옷에는 붉은 색으로 갖가지 동물의 그림이 그려져 있었다.

"덤벼라!"

사나이는 목 쉰 소리를 지르며 다모다의 팔을 꽉 잡고 힘껏 잡아 당겼다. 다모다는 사나이의 손을 뿌리치려고 몸부림을 쳤으나 사나이의 힘은 억세고 도망칠 수 없었다.

"들어와!"

이윽고 다모다 청년은 작은 방으로 끌려 갔다.

다모다는 방 안을 본 순간 멈칫 걸음을 멈추고 말았다. 방 둘레의 벽에는 크고 작은 미이라가 가득 놓여있는 게 아닌가!

더욱이 방 정면에 놓여있는 무시무시한 목상(木像) 주위에 앉아 있는 몇몇 사람은 모두 해골 가면을 쓰고 있고 발치에는 피투성이가 되어 죽어 있는 양이니, 닭이니, 큰 뱀이 썩는 악취를 풍기고 있었다.

아마 다모다가 처음에 맡은 악취는 아마 이 방에서 흘러 온 것이리라.

"앉아!"

목에 큰 뱀을 휘감은 사나이가 다모다에게 명령하듯 말했다.

"네 놈에게 저주를 거는 거다."

"저주?"

큰 뱀을 목에 감은 사나이의 말에 다모다는 깜짝 놀라 되물었다.

"그렇다, 네놈을 저주해 달라고 부탁한 자가 있다. 그것은 바로 이 자다."

"앗, 레미……"

이게 웬 일일까? 들어온 이는 누이동생 레미(17세)가 아닌가!

"네놈은 이 자의 저주를 받아서 죽는 거다."

사나이는 레미를 앉히더니 목에 걸고 있던 큰 뱀을 입가에서부터 찢고 흐르는 피를 레미의 머리에 부었다.

"그만 둬! 레미"

다모다는 달려가서 누이동생을 주술사(呪術師)에게서 떼내려 했으나, 다른 사나이들에게 잡히고 말았다.

"괴로워하라, 네놈의 목을 휘젖고 만다."

피투성이가 된 레미는 야릇하게 눈에 불을 켜며 주술사와 사나이들이 외는 주문(呪文)에 맞춰 두 손으로 다모다의 목을 조이는 몸짓을 했다.

"아악!"

레미의 손의 움직임에 따라서 다모다의 목은 무엇인가에 조여드는 것 같아지고 또한 다모다의 발치에서부터 이상한 불길이 춤을 추며 올라오기 시작했다.

"살려 줘!"

다모다는 비명을 질렀다.

"왜그래 오빠, 비명까지 질르며……"

다모다는 저주를 받고 괴로워하고 있던 꿈에서 깨어났다.

"레, 레미……"

다모다는 깜짝 놀라서 누이동생의 얼굴을 보았다. 꿈 속의 무서운 누이동생의 얼굴이 아직 또렷이 머리속에 있었다.

"아이 싫어, 내 얼굴에 뭐가 붙었어? 그보다 빨리 서두르지 않으면 아버지 마중나가는게 늦겠어."

그날 다모다의 아버지가 출장에서 돌아오게 되어 있었다.

다모다는 악몽을 떨쳐버리려는듯 머리를 흔들더니 침대에서 뛰어내려 곧 어머니와 누이동생을 차에 태우고 리마 공항으로 향했다.

"어떠냐? 예쁜 천이지?"

집으로 돌아온 아버지는 출장간 곳에서 있었던 일들을 이야기한 뒤 트렁크 속에서 한감의 천을 꺼내보였으나 다모다는 그것을 보자마자 얼굴이 새파랗게 질리고 말았다.

그것은 악몽 속에서 무서운 주술사들이 몸에 둘르고 있던 천과 아주 같은 무늬였던 것이다.

"아버지, 이건……"

"아름답지. 잉카시대의 것이라는구나."

다모다가 꾼 악몽을 알 까닭이 없는 아버지는 자랑스럽다는듯이 그 천을 보여 줬다.

다모다는 하늘하늘 움직이는 천에서 악몽을 생각해내 새파랗게 질렸다.

"왜그러느냐? 다모다야?"

다모다의 눈치가 심상치 않음을 알아차린 어머니는 근심스러운듯이 물었다.

"글쎄 오빠가 이상해요. 오늘 아침 깨우러 갔더니 비명을 지르고 괴로워하고 있었어요. 틀림없이 무서운 꿈이라도 꾼게 아닌지 몰라요."

이또한 다모다가 새파랗게 질려있는 원인이 자기에게 있다는 걸 알지 못하는 누이동생 레미는 남의 일인양 말했다.

"어떤 무서운 꿈을 꾸었니?"

"정말 무서웠어요……."

다모다는 몸서리를 치면서 꿈이야기를 했다. 이야기를 다 들은 순간, 아버지의 안색이 변했으나 그 사실을 누구 한사람도 알아차리지 못했다.

"아이 끔찍해! 내가 어째서 오빠를 저주하여 죽이는 그따위 짓을 한담, 안그래요 아버지?"

"그렇고말고, 그런건 전세기(前世紀)의 유물이고 말고. 저주 같은 건 있을 턱이 없다."

아버지는 레미에게 대답을 하고있었으나, 그 말에 힘주는 투가 듣기에 따라서는 자기 자신에게 들으라는 것 같았었다. 까닭인즉 아버지는 다모다를 비롯한 가족들에게 어떤 것을 숨기고 있었기 때문이다.

"이 천으로 소파 매트와 벽걸이를 만들잤구나."

어머니는 곧 그 천으로 소파 매트와 벽걸이를 만들었다.

다모다는 처음 얼마동안, 그 천을 보는 것도 섬찟해 했으나 시간이 흐름에 따라 악몽에 대한 것도 천의 무서움조차도 잊어버렸다.

게다가 찾아오는 손님들이 그 천이 멋지다고 칭찬하는 것을 들으니 다모다도 어느덧 보기에 좋다는 생각을 하게 되었다.

이윽고 한달 가까이 지나갔다.

"늦어질 테니 먼저들 자거라."

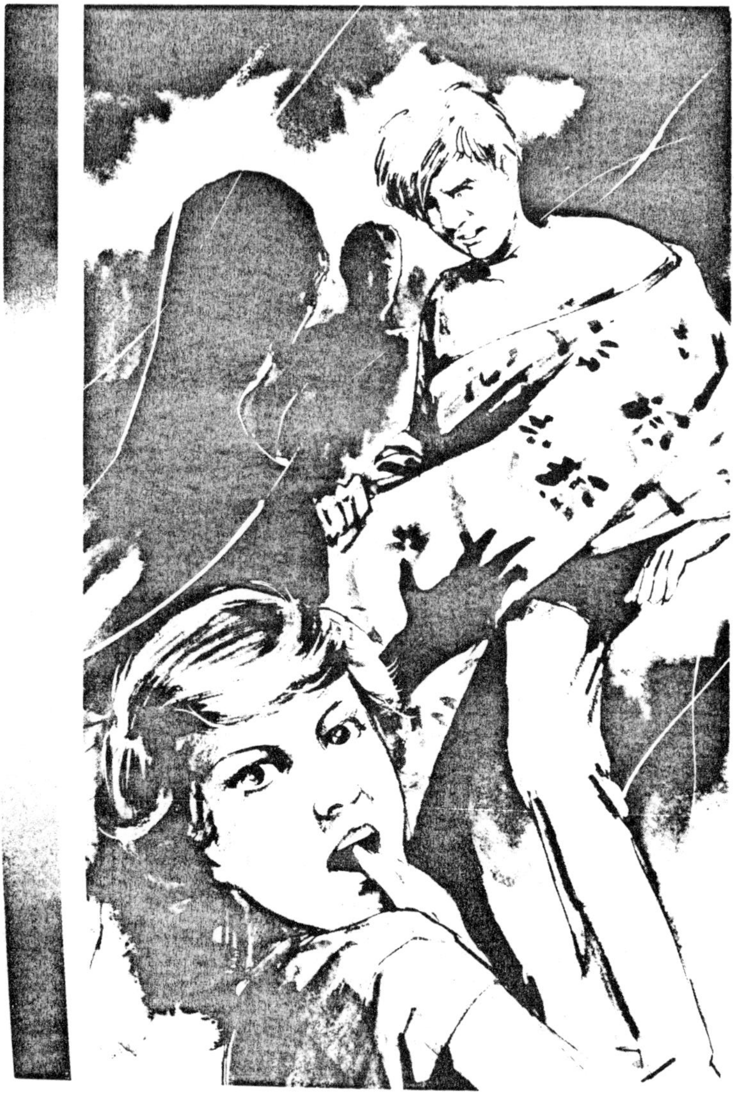

그날 밤 부모는 아는 사람 집으로 가고 다모다와 레미가 집을 보게 되었다.

구름 사이로 아름다운 달이 다모다와 레미가 책을 읽고 있는 응접실을 비추고 있었다.

"앗 정전이다……."

갑자기 전등이 나갔다.

"회중전등이 어디 있지?"

다모다가 일어서 옆방으로 가려고 한 때였다. 벽걸이로 변해 있던 잉카의 천이 기분나쁜 소리를 내며 떨어져 다모다를 섬칫하게 만들었다.

더욱이 그 벽걸이는 다모다의 몸을 휘감아 온 것이다. 그는 갑자기 생긴 일에 깜짝 놀라 비명을 지르고 그 천을 떨쳐버리려고 했으나 천은 끈적이는 액체처럼 눌러붙어서 떨어지지 않았다.

"오빠……"

천에게 휘감긴 다모다를 어찌할바 모르며 보고 있던 레미가 갑자기 비명을 질렀다.

어찌된 일일까. 방 한구석에 언제 어디서 들어왔는지 두 눈이 파랗게 빛나고 온몸이 새빨간 미이라가 서있는 게 아닌가!

더욱이 그 미이라는 둘, 셋, 넷 이렇게 그 수효가 늘더니 방안이 미이라로 가득 차기 시작했다.

"레미!"

다모다는 도와달라고 누이동생을 불렀으나 레미는 주위를 돌아다니는 미이라때문에 말도 할 수 없을 뿐더러 일어서지도 못한다.

"사람 살려!"

다모다는 차츰 몸을 조여오는 천을 필사적으로 떨쳐버리려고 몸부림을 치지만, 천은 살아있는 것처럼 다모다의 몸을 조였다.

"레미, 칼로 잘라 다오."

다모다는 있는 힘을 다하여 누이동생을 불렀다.

"기, 기다려 줘."

레미는 기다시피 하여 덤벼드는 미이라에게서 빠져 나오며 책상에 다가가자 칼을 꺼내어 다모다를 감고 있는 천에 꽂았다.

그 순간, 다모다의 고통스러운 비명소리가 나고 칼로 새빨간 피가 흘러나왔다.

"오, 오빠……"

레미는 틀림없이 다모다를 찌른 것으로 여기고 기겁을 하게 놀라 칼을 뺐으나 왜그런지 칼은 천에 착 붙어서 떨어지지 않았다.

다모다는 칼로 잘려진 곳에서부터 힘껏 천을 찢었다.

"오빠, 얼굴에 점이……"

다모다의 몸에는 아무런 상처도 없었으나 얼굴에 큰 붉은 점이 생겨 있었다.

다모다는 수상쩍게 돌아다니는 미이라를 향하여 닥치는대로 물건을 던졌다. 그리고 물건이 닿기만 하면 미이라는 사라졌다.

이윽고 마지막으로 남았던 미이라가 사라졌을 때였다.

"고라지라그, 시베보기자……"

어디선지 모르게 주문을 외우는 으시시한 목소리가 들려 왔다.

남매는 파랗게 질려서 얼굴을 마주 보았다.

다모다는 핏기를 잃어버리고 제정신이 아니었으나 누이동생을 보호하면서 목소리의 주인을 찾았다.

회중전등으로 방안을 찾아보았으나, 물건의 그림자조차 찾아볼 수 없다.

창문으로 달빛이 비치는 마당을 보았으나 역시 아무도 없었다.

"잘못 들은 걸까?"

다모다는 수상쩍게 들린 주문을 외는 목소리가 자기의 환청인지도 모른다고 생각하고 귀를 막고 머리를 저어보였다. 하지만 주문 외우는 목소리는 분명히 들려 왔다.

"오빠!"

레미의 비명 소리에 뒤를 돌아보면서 회중전등을 비추니, 언제 나타났는지 조금 전의 미이라 한구에게 레미가 붙잡혀 목이 조여지고 있었다.

"빌어먹을 것 같으니!"

다모다는 미이라에게 몸으로 부딪치려고 했으나 딴지를 걸어와서 쓰러지고 말았다.

쓰러진 다모다의 몸을 벽걸이 천이 살아있는 것처럼 척척 싸버렸다. 다모다는 있는 힘을 다하여 몸부림쳤으나 천에 꼭꼭 조여져 정신이 몽롱해졌다.

레미 또한 미이라의 손아귀에서 축 목이 늘어지고 말았다.

"여, 여보!"

외출에서 돌아온 어머니는 바닥에 쓸어져 질식사(窒息死)한 레미를 보고 아버지를 향해 큰 소리로 외쳤다.

레미의 목에는 뚜렷이 열 손가락 자국이 나있었다.

"다모다는 어떻게 된 걸까?"

아버지는 다모다를 찾아다니다 간신히 벽걸이천에 쌓여 가사상태가 되어 있는 아들을 찾고 망연실색하고 말았다. 곧 의사가 오고 응급치료를 하여 기적적으로 목숨은 건졌으나 다모다는 검붉은 피를 토하고 고열이 났다.

"뭐라고? 미이라가……"

의식이 되돌아온 다모다에게서 무서운 사건을 들은 아버지는 놀라서 얼굴빛이 변했다.

아버지는 다모다와 부인에게 그때까지 숨기고 있던 일을 고백했다.

그의 말에 의하면 그가 가져온 천은 잉카의 유적 근처에서 발굴된 미이라를 쌌었던 것으로 그 천에는 무서운 저주가 걸려 있어서 그것을 가져 간 사람, 또는 그 가족에게 무서운 재앙이 내린다는 말이 있다.

하지만 저주라든가, 재앙이라는 걸 믿지 않는 그는 천을 가져오고 말았다.

"그런 미신이 설마 사실이 되리라고는 생각하지 않았으므로 잠재고 있었는데……"

저주— 그것은 전세기의 유물이라고도 미신이라고도 일컬어지고 있다는 것이나, 패루의 수도 리마에서 그 저주에 걸려 레미는 죽고 다모다는 대학병원에서 지금도 치료를 받고 있다.

나는 다모다가 입원하고 있는 병원을 찾아가 그곳 의사에게 완쾌될 가능성이 있는가 하고 물어보았으나 그 대답은 불가능이라는 차디찬 것이었다.

그렇다면 역시 저주는 사실이란 말인가…….

8 미이라가 빛난다

이럴수가! 관 속의 미이라가 야릇한 빛을 내며 서있는게 아닌가!

"시, 싫단 말야!"

인디오들은 새파랗게 질려서 도망을 갔다. 루치아노 일행 다섯명의 행선지가 후쿠조라는걸 알게 될 때까지는 자기를 데리고 가달라고 잘 보일려고 애를 쓰던 인디오들이었건만…….

인디오들이 동행하기를 거부한 호쿠조는 페루의 이키스트에서 모오타 보우트로 세시간 가량 아마존 주류를 내려간 곳에 있는 부락으로 그곳에는 이상한 미이라가 있다.

또한 그 미이라는 죽음을 부르는 무서운 것으로서 인디오들이 두려워하고 있고 그들은 전혀 가까이 가지 않았다.

"하는 수 없지. 우리끼리만 갑시다."

미이라의 정체를 조사하기 위하여 온 루치아노 일행 다섯명은 하는 수 없이 모오타 보우트를 빌려서 지도를 휴대하고 현지로 향했다.

호쿠조 부락은 간단히 찾아냈다. 그곳은 부락이라고는 이름뿐인 것으로 현재는 한사람도 살고 있지 않은 무인부락이었다.

옛날에는 꽤 많은 인디오가 있었던 모양이나 미이라로 인한 기괴한 사건이 생긴 다음으로는 모두 다른 곳으로 도망치고 만 것이다.

"허허……. 이런 곳에 말이지……"

루치아노 일행은 아마존 강이 바라다보이는 큰 나무 중간에 만들어진 미이라 집을 쳐다보면서 고개를 갸우뚱거렸다. 오두막은 네모꼴로 서 있는 큰 나무에 가로목을 지르고 판자와 나무잎으로 만들어졌다.

"별거 아니네, 보통 흔한 미이라가 아니냐 말야."

오두막 안에는 한개의 관이 있고 그 속에는 여성 미이라가 한구 있었다.

"이런 습지대에서 용케도 썩지 않고 있는 미이라가 있군. 그것이 이상하단 말야."

미이라를 전문으로 연구하고 있는 네그는 웃으면서 장갑을 끼더니 미이라를 만져 보았다. 허나 그 순간 놀랍다는 표정을 지어 보였다.

"이것좀 보게, 이렇게 포동포동한 피부를 가진 미이라는 아주 희귀한데……"

분명히 그랬었다. 보통의 미이라는 피부가 메말라 있고 특히 발굴되어 공기에 닿으면 흐믈흐믈해지고 만다. 헌데 이미 수십년이나 이 오두막 속에서 비바람을 맞았다는데, 이 미이라는 죽은지 얼마 안되는 사람의 피부를 연상시키도록 싱싱했다.

"여보게, 이 미이라 광채가 나는데."

갑자기 루치아노와 네그가 큰 소리를 질렀다. 이럴수가! 미이라의 얼굴과 두 손이 야광도료(夜光塗料)라도 칠한듯 번들번들 빛났던 것이다.

"이상도 하다!"

그렇게 생각하면서 미이라의 사진을 다섯장 찍었다.

일행은 근처에 있던 오두막을 수리하고 그곳에서 기거를 하기로 했다. 저녁식사후, 일행이 속성으로 만든 침대에 들어가서 잠을 자려

던 때였다.

삐그덕 하고 이상한 소리를 내며 입구의 문이 밖에서 밀려 열렸다. 루치아노 일행은 깜짝 놀라 벌떡 일어났다. 인디오의 습격같은 만일의 경우를 대비하여 문 안쪽에 굵은 나무 두개를 버팀목으로 놔두었으나 그것이 없다.

"누, 누구냐?"

루치아노는 호신용 권총을 손에 들자 어둠을 향해 소리쳤다. 하지만 밖에서는 아무 대답도 없었다. 루치아노 일행은 조심조심 문께로 다가가 살며시 밖을 보았다.

"에그머니나!"

놀라움과 무서움으로 그들은 숨이 막힐 지경이었다.

이럴 수가! 관 속의 미이라가 온 몸에서 야릇한 빛을 내면서 바로 앞에 서있는 게 아닌가!

루치아노는 스스로에게 타이르듯 눈 앞에 일어나고 있는 기괴한 현상을 부정했다.

"당, 당치도 않아. 미이라가 걸어올 턱이 없어."

분명히 그 말이 옳았다. 수십년이나 서있는 미이라가 산 사람처럼 움직일 까닭이 없다.

"누구냐? 이런 고약한 장난을 하는게 응?"

루치아노는 큰 소리로 외치면서 미이라를 향하여 권총을 발사했다. 그 순간 미이라의 모습은 소리없이 사라져 보이지 않게 되었다.

헌데, 그날 밤

"괴, 괴로워……"

루치아노 일행은 미이라의 습격을 받고 목이 조이는 꿈을 꾸고 밤새도록 괴로워했다. 그뿐이랴 갑자기 고열이 나서 일어날 수도 없게 되었다.

"물, 물좀 줘……"

그 중에서도 열이 높은 네그는 목을 쥐어 뜯으며 물을 찾았다. 하지만 루치아노 일행도 열이 높아 꼼짝을 할 수 없었다.

다섯 사람 모두가 고열에 시달리고 날아들어오는 벌레와 모기에 고통을 받아 몸은 비쩍 마르고 눈만이 야릇하게 빛나서 생지옥을 방불케 하는 것이었다.

"네, 네그……"

이틀째 되는 날 아침, 괴로운 듯이 가슴을 쥐어 뜯고 있던 네그가 심하게 괴로워하기 시작하고 검은 피를 토하더니 숨이 끊어지고 말았다.

루치아노 일행은 간신히 네그의 시체로 기어갔으나 왠지 모르게 네그의 얼굴은 저 미이라와 흡사하게 변해 있고 몸에서는 토할 것같은 악취를 내뿜고 있었다.

"미이라의 저주다…… 어떻게든 이곳을 빠져나가지 않으면 우리도 곧 네그처럼 되고 말 게다……"

루치아노 일행은 같은 생각을 가슴에 품고 오두막에서 기어 나왔다. 긴다고 하여도 그것은 달팽이 보다도 느린 것으로 아미존 강변까지 불과 몇미터 밖에 안되는 데도 도착하는데 몇시간이나 걸렸다.

루치아노 일행은 저녁 무렵 가까이에 겨우 운좋게 지나가던 순시 보오트에 구조되어 즉시 병원으로 실려 갔으나 두 사람은 곧 숨을 거두었다.

그 죽은 모습은 미이라와 흡사하게 변하고 악취를 내뿜고 네그가 죽었을 때와 매우 꼭 같았다.

기적적으로 목숨을 건진 루치아노 일행은 네그가 찍은 미이라의 사진을 현상하고 놀란 나머지 소리를 질렀다.

"어, 없어……"

이럴 수가! 오두막도 관도 똑똑히 찍혀 있는데 미이라 만이 전혀 찍혀 있지 않은 것이다. 이 미이라를 조사하다 재앙을 입은 루치아노는 최근에 이르러 두 눈이 실명(失明)되고 반신불수가 되고 말았다.

이 기괴한 미이라의 수수께끼를 풀려는 사람들은 모두 무서운 재앙을 입고 차례로 죽고 말았으므로 수수께끼는 영원히 풀릴 것 같지 않다.

9 미이라의 팔이 움직였다

두 손을 가슴에 얹고 깍지를 끼고 있던 미이라의 손은 가만 히 움직이더니 축 늘어졌다.

과테말라의 안티그에 있는 교회에는 300년전 미이라 3구(具)가 보존되어 있다.

이 미이라는 3구 모두가 신부(神父)의 것으로 항상 누구나 자유롭게 그것을 구경할 수 있도록 되어 있었다.

그날도 몇사람의 구경꾼들이 지하실에 있는 미이라를 보고 있었다. 어두컴컴한 지하실 안의 미이라는 정말 보기에 무섭다.

갑자기 치익— 하는 이가 들뜨는 듯한 기분나쁜 소리가 나서 깜짝 놀란 사람들의 시선이 소리 나는 쪽으로 쏠렸으나 다음 순간, 사람들은 비명을 지르고 새파랗게 질렸다. 그도 그럴 것이 1구의 미이라의 팔이 움직인 것이다.

그 미이라는 위를 보고 누워 있었고 두 손은 가슴에 얹어 깍지를 끼고 있었는데, 그 오른쪽 손이 조용히 움직이더니 축 늘어진 것이다.

10 죽은 사람에게서 온 전화

자살한 지 10시간이 지난 친구에서 '더이상 살아있는 게 싫어졌다'고 하는 전화가 걸려 왔다.

과테말라시에 사는 세일즈맨인 안토니오 집의 전화가 한밤중에 요란하게 울렸다.

안토니오는 졸리운 눈을 비비며 수화기를 들었으나 어찌된 셈인지 혼선이 심해서 상대방의 말하는 소리가 좀처럼 알아들을 수 없었다.

다만 '…마리노요. 더 이상 살아있다는 게 참을 수 없이 싫소. 그래서 나는 죽었소. 가족들에게 잘 전해주기 바라오.…' 하는 차분하지 못한 사나이의 음성을 간신이 들을 수 있었다.

마리노…… 그것은 안토니오의 친구로 두달 전부터 지방으로 출장을 가 있는 엔지니어였다.

안토니오는 설마 하면서도 전화의 내용이 충격적이었으므로 곧 마리노가 묵고 있는 호텔로 전화를 걸어 보았다.

"마리노씨는 3, 4일 전부터 돌아오시지 않으셨습니다."

호텔측의 대답을 듣고 깜짝 놀란 안토니오는 곧장 마리노의 가족에게 그 일을 알리고 경찰에 조사를 부탁했다.

그로부터 이틀 후 마리노의 시체가 발견되었다. 검사(檢死)한 결과 마리로는 안토니오가 전화를 받은 날 아침에 사망했음이 밝혀졌다.

그렇다면 마리노에게서 안토니오에게 전화가 걸려온 것은 죽은지 15~16 시간이나 지났다는 계산이 되는 셈이다.

11
히마르추리산의 해골

요사스러운 해골에게 물린 화가는 전해 내려오는 말대로 죽고 말았다.

오르가스는 다섯명의 인도인 화가와 함께 그리도 좋아하는 산을 그리려고 히마르추리산에 올랐다.

"난, 여기서 기다리겠오."

몸의 상태가 그다지 좋지 않았던 오르가스는 쉘퍼의 한사람과 함께 친구와 헤어져 산중턱에서 천막을 치고, 그곳에서 그림을 그리기로 했다.

오르가스는 식사하는 것도 잊고 산을 스케치했다. 걸을 수 있을 때까지 걸어 다녔다.

"허, 이런 곳에 동굴이…."

산에 오른지 사흘, 오르가스는 커다란 동굴을 발견하고 그 안으로 들어갔다.

"이크!…."

그곳에서 오르가스는 야릇하게 눈이 빛나는 해골을 발견했다. 어두운 동굴 속에 있는 그 해골이 누구의 것인지, 언제쯤의 것인지 물론 오르가스는 알지 못했다.

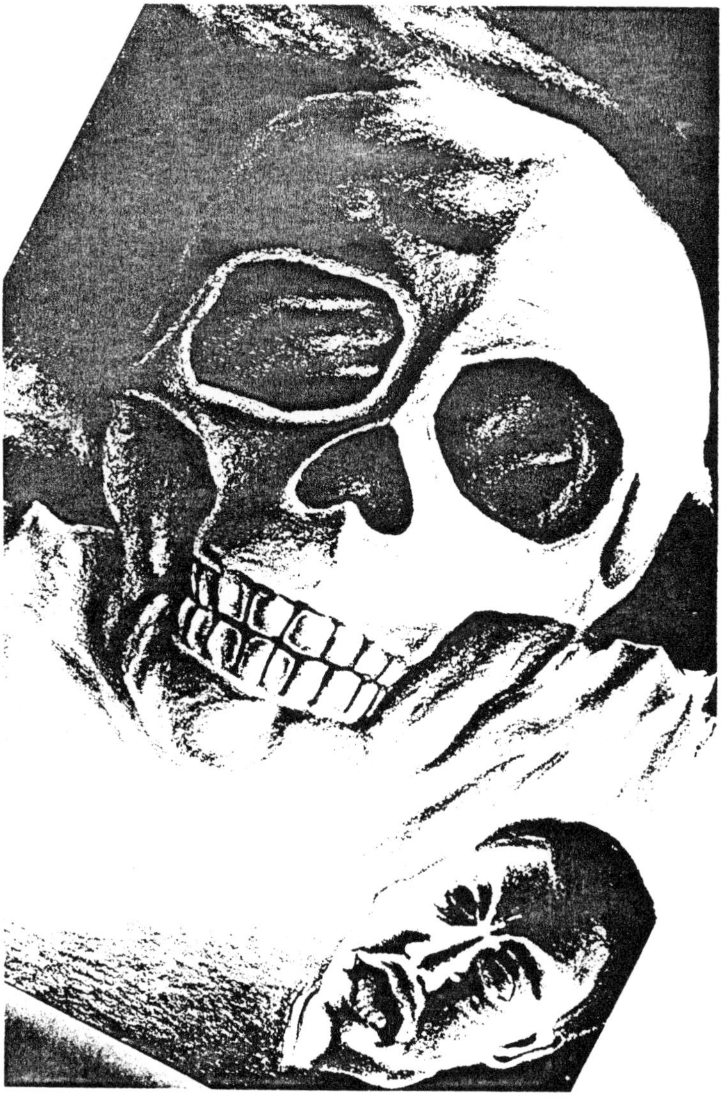

호기심이 강한 오르가스는 조심조심 해골에게 다가가자, 살그머니 해골을 만져 보았다.

오싹하도록 해골은 차디찼다.

"가엾어라."

오르가스는 해골을 쓰다듬었다. 다음 순간, 이상한 일이 일어났다.

해골에게 덥석 오른 손이 물린 것이다.

오르가스는 새파랗게 질려서 있는 힘을 다해 빼낼려고 손을 흔들었으나 떨어지지 않았다.

"큰일났어, 당신 죽어."

쉘퍼의 말에 의하면, 그 해골은 요괴(妖怪)이고, 만약 요괴에게 물리면 그 사람은 죽는다고 하는 무서운 것이라는 거다.

그의 말대로 오르가스는 그로부터 계속 고통스러워 하더니 닷새째 되던 날 원인모르게 죽고 말았다.

12 바니우의 사이킥 · 애너멀

60년 전에 영국인의 수기에 쓰여졌던 파라가이의 마경(魔境), 바니우 부락은 정말로 존재했는가?

머리 위를 뒤덮고 있는 울창한 밀림의 나무들은 내리쬐는 태양을 가로막고 그 안은 찬 기운조차 감돌고 있다.

거므스럼한 녹색의 나뭇잎에 섞여서 우거진 붉고 누런 빛의 넝쿨풀이 야릇한 분위기를 자아내고 있다.

기분 나쁜 울음 소리를 내며 날아가는 야생조, 스스로 나무에서 나무로 기어다니는 큰 뱀, 소리에 겁을 먹은듯 도망치는 작은 동물과 미지의 밀림 속을 가는 세사람에게는 모든 것이 처음 보는 것들뿐이며, 눈에 보이지 않는 압박감에 세사람은 바짝 긴장을 했다.

전기 기사로 탐험을 좋아하는 보르도(26세), 의사인 삐엘(28세), 식물학자인 그로후(26세)의 세사람은 수수께끼의 부락인 바니우를 찾아 벌써 사흘 동안이나 밀림 속을 걸어다니고 있었다.

이곳은 파라가이의 바이어네그라 북서쪽에 있는 큰 밀림 속이다.

"보르도, 인제 단념하는 게 어떤가?"

담배를 한대 피우고 삐엘이 보르도의 얼굴을 들여다 보듯이 하며 말했다.

"이만큼 찾아 헤매어도 찾지 못하는 것이니까, 어쩌면 바니우 부락이라는 건 없는 게 아닐까?"

그로후도 찬성했다.

세사람의 청년이 목숨을 걸고 찾아 헤매고 있는 바니우 부락은 60여년 전에, 브라질, 파라과이, 보리비아의 마경을 탐험한 영국인의 수기에,

〈그것은 큰 밀림 안에 소리없이 존재하고 있고, 그곳에서는 사이킥 · 아니멀이 부락 사람들을 괴롭히고 있다〉 라고 짧게 기록되어 있을 뿐이었다.

이 수기를 발견한 것은 삐엘이었으나, 심령 현상에 열중하고 있는 보르도에게 그 말을 하였더니, 당장 탐험에 나서자고 하여 희귀한 식물을 찾아보려고 하던 그후로도 합세하여, 이 큰 밀림에 왔던 것이다.

밀림에 도착할 때까지는 두 사람의 원주민을 안내역으로 고용했었으나 막상 부락을 찾을 때가 되자, 둘은 슬그머니 도망쳐 돌아가고 말았다.

"아니, 나 혼자서라도 찾을걸세."

보르도는 삐엘과 그로후를 노려보듯이 하며 말하자, 가방을 고쳐 메고 재빨리 걷기 시작했다.

자석(磁石)을 의지하며 세 사람이 서쪽으로 한시간 가량 걸어갔을 때였다.

"앗 사람이다!"

보는 눈이 빠른 그로후가 앞쪽의 풀밭에 누군가 쓰러져 있는 것을 보고 소리를 질렀다. 세사람은 조심조심 다가갔다.

"이거 많이 다쳤는데…"

피투성이가 되어 쓰러져 있는 것은 인디오의 아가씨였다. 의사인 삐엘은 가방에서 약품을 꺼내더니 응급치료를 하고 각성제 주사를 놔주었다.

이윽고 아가씨는 정신이 들더니 깜짝 놀라 일어나 세 사람을 보고 뭐라고 말했으나 손과 발에 감긴 붕대를 보았다.

"어쩌면, 아니 틀림없이 바니우의 아가씨가 아닐런지…"

보르도가 말을 했을 때 아가씨는 걸음을 걸으려고 했으나 발의 상처가 심하여 걸을 수가 없다. 세 사람은 교대로 아가씨를 부축하여, 손짓으로 가리키는 방향으로 나갔다.

"앗 부락이다!"

딸리 가리키는 저쪽에 산재하고 있는 30가구 남짓한 집이 보이자, 세 사람은 그만 큰 소리를 질렀다. 하지만 다음 순간 숨을 죽이고 방어태세를 취했다.

얼굴을 하얗게 칠하고, 동물 뼈와 나무 열매로 만든 장식을 붙인 우람한 체격의 사나이가 활과 창으로 무장하고 떼를 지어 나타난 것이다. 하지만 아가씨가 뭔지 알아들을 수 없는 말을 외치자, 사나이들은 활과 창을 거두고 세 사람을 큰 집으로 안내했다.

나온 사람은 그 장식과 태도로 보아 한눈에 추장임을 알 수 있는 노인이었다. 노인은 외마디 영어로 딸을 구해준 것을 감사하고, 천천히 놀다 가라고 말했다.

추장의 명령으로 곧 보르도 일행을 환영하는 연회가 열리고, 젊은 남녀가 인디오로서는 매우 신기한, 느린 템포의 춤을 보여 주었다.

그날 밤, 보르도 일행은 추장의 집에서 묵었으며, 추장과 다섯명의 아내, 게다가 아홉명의 아들과 딸들과 베개를 나란히 하여 누웠다.

이윽고 밤이 깊어서였다.

꽥꽥— 쿨쿨— 꽥꽥— 하며, 시끄럽게 우는 돼지 소리에 보르도 일행은 깜짝 놀라 눈을 뜨고 일어나자, 살며시 문을 밀고 밖을 내다보았다.

밖은 달빛으로 환하고, 추장의 집에서는 부락안이 바라다 보였으나 돼지의 모습 같은 건 아무 데도 보이지 않았다. 하지만, 그 기괴한 울음 소리는 점점 커져 갔다.

"어쩌면, 이것이 사이킥 · 애니멀이 아닌지…"

보르도는 작은 목소리로 말하면서 살며시 추장의 식구들을 보았으나 아무도 잠에서 깨어 있지 않았다.

세 사람은 하는 수 없이 다시 제자리로 누웠으나, 그 순간 돼지의 큰 소리와 함께 문에 세차게 부딪치는 소리가 들렸다.

"보고 올께…."

보르도가 두 사람에게 귓속말을 남기고 몇걸음 문께로 걸어 갔을 때

"봐도 헛수거요. 저건 사이킥 · 애니멀의 소행이요. 아무 것도 안보여!"

추장의 말이 보르도를 말렸다. 그리고 추장은 '이 바니우 부락에는 옛날부터 환상의 돼지, 고양이, 박쥐, 나방 따위의 사이킥 · 애니멀이 죽은 사람이 생기면 반드시 나타나는 거다.' 라고 이야기해 주었다.

"그렇다면, 누군가 죽은 겁니까?"

보르도가 되묻자, 추장은 자못 곤란하다는듯이 부락민 이외의 사람이 왔을 때에, 부락의 사람이 죽는다고하며 까닭은, 침입자가 악령을 지니고 있기 때문이고, 이 경우에는 자네들 세 사람이 그 경우에 해당된다. 아마, 부락민들은 가만 있지 않을 거라고 대답했다.

"우리가 왔기 때문에 사람이 죽었다고…?"

보르도 일행에게 있어서는 당치도 않은 억지요, 곤란한 일이었으나 이곳은 특수한 부락인 탓으로 그들의 생각은 통용되지 않는다.

환상의 돼지의 울음 소리가 멎은지 얼마 안되어, 부락민의 한 사람이 노파의 죽음을 알렸으나 그 부락민은 무서운 눈초리로 세 사람을 노려보았다.

다음 날 아침, 추장은 세 사람에게 밖에 나가지 말라고 이르고는 아내와 아들을 데리고 어덴가에 갔다. 헌데 어찌된 일인지 밤이 되어도 추장네 식구들은 돌아오지 않고, 그날 밤도 또한 세 사람은

환상의 돼지에게 시달렸다. 그 뿐만이 아니라 분명히 뛰어들었는데, 집의 나무 벽에 부딪치면 싹 사라지고 마는 환상의 박쥐에게도 괴로움을 당했다.

그러자, 그때 갑자기 추장의 외치는 소리가 들려 왔다.

"빨리 도망쳐!"

노파의 죽음을 보르도 일행이 온 탓이라고 생각하는 부락사람들은 세 사람을 산제물로 삼으려고 추장이 말리는 것도 듣지 않고 습격해 온 것이다. 하지만 딸을 구해준 걸 고맙게 여기고 있는 듯한 추장은 딸을 길안내로 딸려서 보르도 일행을 도망치게 해 주었다.

추장 식구들이 돌아오지 않았던 것은 부락민들과 세 사람의 일로 상담을 하고 있었던 것이리라.

보르도 일행은 간신히 부락을 도망쳐 나왔으나, 저 무시무시한 사이킥 · 애니멀의 일이 언제까지나 머리 속에서 떠나지 않았다.

13
시체를 먹는 소녀

소녀가 죽으면, 반드시 무덤이 파헤쳐지고, 그 시체가 누군가에 의해 먹히게 되다….

"또 당했군…."

사람들은 우울한 표정을 지었다.

그것은 이곳 패루의 쿠야시데 마을에서는 요 1년 사이에 소녀가 죽으면 어김없이 무덤이 파헤쳐지는 무시무시한 사건이 계속되고 있었다.

피해를 당한 것은, 열세살 부터 열여섯살 까지의 소녀만이고, 8개월 동안에 여섯구의 시체가 뜯어먹힌 것이다. 시체를 노리는 것은, 대개 매장한 뒤 3일 이내가 많았다.

범인은 시체의 앳된 유방과 넓적다리의 살을 뜯어먹었다.

"이번에야말로, 어떻게든 체포하고야 말겠다."

열네살의 소녀가 매장되었을 때'사복 형사 몇명이 묘지를 지키고 범인이 나타나기를 기다렸다.

"앗, 왔다!"

매장된 지 이틀째인 한밤중, 무시무시한 몰골을 한 여성이 사방을 살피면서 묘지에 나타나더니, 소녀의 무덤을 파기 시작했다.

형사들이 잽싸게 사방에서 덤벼들어 그 여성을 체포했으나, 이

변태성 흉악 범인의 정체를 알았을 때 아연실색해 버렸다.

그도 그럴 것이 범인은 열여섯살의 소녀로, 큰 부잣집 외동딸이며 학교에서도 수재로 이름이 난 S양이었기 때문이다.

"그토록 얌전하고 사랑스러운 아이가…."

담임인 여교사도 아연실색하여 말문이 막혀버렸다는 것이다.

"모, 모르는 일이예요…."

정상으로 돌아온 S양은 자기가 저지른 무서운 범행을 전혀 모른다고 했다.

현재 그녀는 정신병원에 입원하여 정밀검사를 받고 있지만, 그녀에게 무거운 형이 내려질 것은 틀림없는 것 같다고 한다.

14
아마존의 샷시

샷시 —……그것은 부라질 사람들이 가장 무서워 하고 있는 요괴(妖怪)이다.

"큰일났다! 물소 한마리가 없어졌다!…"

로비 소년은 새파랗게 질려서 소리쳤다. 소중한 물소가 한마리 없어진 것이다.

아마존 하류의 하구 베렌(브라질) 근처에 있는 마라조오섬에서 최근에 일어난 일이다.

로비 부자(父子)는 그곳 농장주인 집에서 일하고 있었다. 그리고 로비는 60마리나 되는 물소를 지키는 역할을 하며, 아침 일찍 부터 저녁 때 해가 져서 물소를 우리에 넣을 때까지 일을 했다.

"물소가 한마리라도 없어지면 네 목숨은 없다."

농장 주인은 인색한 데다 매우 잔인하기로 이름이 난 사람이었다. 로비가 오기 전에 물소를 지켰던 소년도 물소가 도망쳤기 때문에, 음식도 먹여 주지 않아 굶어 죽었던 것이다.

"큰 일이다, 어데로 갔을까?……"

로비소년은 놀라 혈안이 되어 없어진 한마리의 물소를 찾아헤맸다.

"정신차려서 똑똑히 지켜야 되잖니?"

로비의 아버지도 농장 주인의 눈치를 살피며 함께 물소를 찾았으나 끝내 찾지 못했다.

"로비, 하는 수 없다. 도망쳐라. 잘못을 빌어도 용서해 줄 나으리가 아니다. 죽느니 차라리 도망치는 게 낫다."

아버지는 마음을 굳게 먹고 소년을 도망치게 하려고 했다. 하지만 소년은 아버지의 그 말은 자살하는 것과 같으므로 아버지가 농장 주인에게 죽는 것을 알고 있었으므로, 당장은 그 말을 따를 수 없었다.

"자 빨리 하지 못하겠느냐?"

아버지가 로비를 꾸짖고 도망치게 하려던 순간이었다.

"로비! 이리 와라!"

농장 주인이, 말을 타고 달려 와서 느닷없이 가죽채찍으로 소년과 아버지를 사정없이 때렸다.

같은 농장에서 일하는 사나이가 로비가 물소를 놓쳐버렸다는 것과 아버지가 소년을 도망치게 하려고 한다는 것을 몰래 농장 주인에게 알렸던 것이다.

"용서해 주십시요."

로비 부자는, 땅에 이마를 조아리고 빌었으나 농장 주인은 로비를 때리고 욕을 퍼불 따름이었다. 그리고,

"로비를 들판에 내묶고, 삿시가 죽이게 하라. 알았느냐? 너희들도 내 명령에 따르지 않으면 이렇게 되는 거다."

필사적으로 목숨만 살려달라고 애원하는 로비의 아버지를 사정없이 갈기면서 큰소리로 외쳤다.

삿시— 그것은 브라질 사람들이 가장 무서워 하고 있는 요괴(妖怪)이다. 삿시—는 머리가 큰 외발의 흑인으로, 바람처럼 나타나 들판에 내묶인 사람의 눈알을 후벼내고, 심장을 후벼내는 무서운 놈으로, 삿시—라는 말만 들어도 브라질 사람들은 무서워 떨고 만다.

"사람 살려—"

들에 내묶여, 샷시에게 습격을 받게 된 로비는 미친듯이 구원을 청했다. 하지만, 농장 주인의 명령이므로 마음대로 할 수 없었다.

로비는 밧줄로 온 몸을 꽁꽁 묶여 큰 나무에 매달아졌다.

"아버지…."

울부짖어 대던 로비는 이미 목소리도 쉬고 몸부림칠 기력도 없어졌다.

밤은 점점 깊어가고, 사방은 깜깜해졌다.

"하느님, 부디 로비를, 샷시—에게서 보호해 주십시오."

아버지는 판자 사이로 큰 나무에 매달린 로비의 모양을 물끄러미 바라다보면서 간절히 기도를 했다.

벌레의 울음소리와 개구리의 음산한 울음소리만이 어두운 사방의 공기를 깨고 있을 무렵, 로비는 이미 꼼짝도 할 수 없을 지경이 되었다.

으스스 나뭇잎과 풀을 스치고 찬 바람이 갑자기 불어왔는가 싶더니, 이윽고 돌풍 같은 바람이 휘몰아쳤다.

"으악—!"

다음 순간, 로비의 단말마와도 같은 부르짖음이 밤 공기를 찢어내듯 일어나고, 바람소리도 들리지 않고 사방은 다시 쥐죽은 듯 고요해졌다.

"로, 로비야…"

아버지는 아들의 괴로워하는 죽음의 목소리를 듣자, 바닥에 웅크리듯 하더니 기절하고 말았다.

공포의 한순간이 사라지고, 잠시 후에 농장 주인이 몇사람의 사나이를 데리고 모습을 나타내더니 로비의 아버지를 소년 있는 곳으로 데리고 갔다.

"으악……"

회중전등으로 비쳐진 로비의 몸을 본 아버지는, 너무나 참담한 몰골에 그만 두 손으로 얼굴을 가려버렸다. 로비의 몸에 묶인 밧줄은, 가닥가닥 잘리고 로비의 가슴에는 펑하게 구멍이 뚫려 심장이 도려내져 있었다.

피투성이의 그 무참한 모습에 잔인한 농장 주인도 얼굴을 돌렸을 지경이다. 땅에는, 로비의 피가 뚝뚝 떨어져 아마존 강가까지 뻗어 있었다.

15 고오타의 벽

8월 24일 밤이 되면 방안의 벽에 사람의 형상을 본뜬 모양 으로 새빨간 피가 스며나온다.

독일의 고오타에 있는 옛 성처럼 된 건물의 한 방에는, 으시시한 벽이 있다.

이 집의 현재의 소유주는 류히씨라는 군인이지만, 지금까지 20년 동안에 주인이 열 사람이나 바뀌었다.

까닭인즉, 이 집의 이층에 있는 동쪽의 방의 마당에 위치한 창문 벽쪽에 해마다 8월 24일 밤이 되면 사람의 형상을 본뜬 모양으로 새빨간 피가 배어 나오기 때문에 무서워서 모두 이사를 가기 때문이다.

류히씨의 친구 여덟 사람이 8월 24일 밤, 이 으시시한 벽을 보러 왔다.

시계가 오후 9시를 친 순간, 그때까지 베이지색의 깨끗했던 벽의 한가운데에, 빨간 핏빛이 스며 나오기 시작하더니 이윽고 사람의 형상이 되었다. 깜짝 놀라 모두 몸을 움추리고 말았다.

수수께끼를 풀기 위해 벽을 부수고 여러모로 조사하여 보았으나, 원인은 도저히 알 수 없었다.

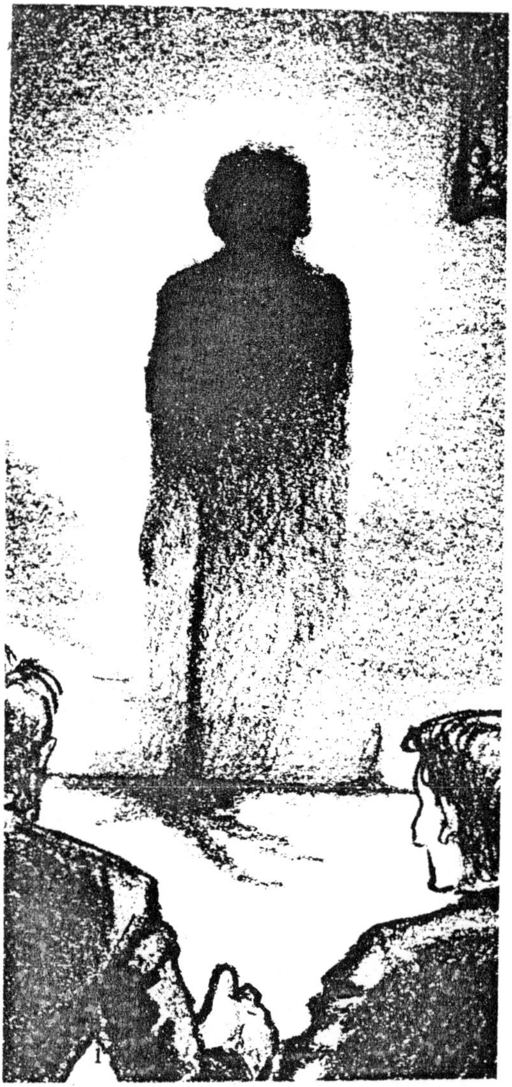

16
갈색 머리카락이 떨어지는 나무

500년 남짓 된 은행나무에서 머리카락이 떨어진다고 한 다.

그리스의 보로스에 있는 가라씨의 집의 넓은 정원에는, 그 아래를 지나면 긴 갈색 머리카락이 떨어지는 수수께끼의 나무가 있다고 한다.

그 나무는 500년 남짓된 은행나무로 떨어지는 머리카락은 살아있는 것처럼 사람의 목에 감겨 조여든다고 하므로 아무도 무서워서 가까이 가지 않았다.

최근에, 롯스씨를 비롯한 다섯명의 대학생은 그 도깨비나무를 탐험하러 떠났다. 그들은 긴장하여 얼굴 표정이 굳어지며 조심조심 나무 밑을 지나 갔다. 다섯 사람 가운데, 세 사람까지는 아무 일이 없었다. 네 사람째는 롯스씨 차례였다. 롯스씨는 나무를 쳐다보며 그 바로 밑을 지나갔으나, 그 순간 십여가닥의 머리카락이 떨어지고, 눈 깜작할 사이에 롯스씨의 목을 조이고 말았다.

"으악! 정말 머리카락이 떨어졌다. 숨, 숨 막힌다!"

그냥 내버려 두었더라면, 롯스씨는 죽었을 것이다. 하지만 친구 네 사람이 위험한 상태에서 그를 구해줬던 것이다.

지금도 그 도깨비 나무의 정체는 밝혀지지 않았다.

PHOTO.REPORT

4차원 세계의 공포

死 靈

엑토프라즘(幽體)

PART2

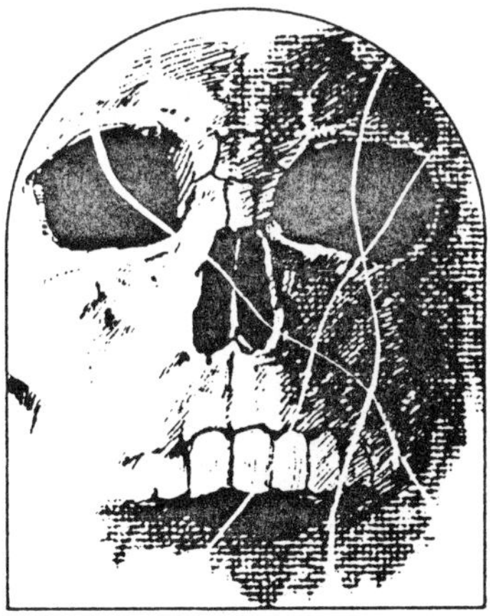

심령해부 14

이것은 영능력자를 시켜서, 그 사람의 엑토프라즘을 나오게 할 수 있는지 어쩐지를 실험하는 사진이다. 이 사람은, 브라질에서 유명한 영매자이지만, 엑토프라즘은 완전히 인체와 똑같은 것만을 내놓을 수는 없었다.

엑토프라즘은 마치 솜사탕과 마쉬마로를 섞은 것 같은 것으로서, 체온도 똑같이 따뜻하고, 꼬집으면 영매가 통증을 나타내는 반응을 보였다.

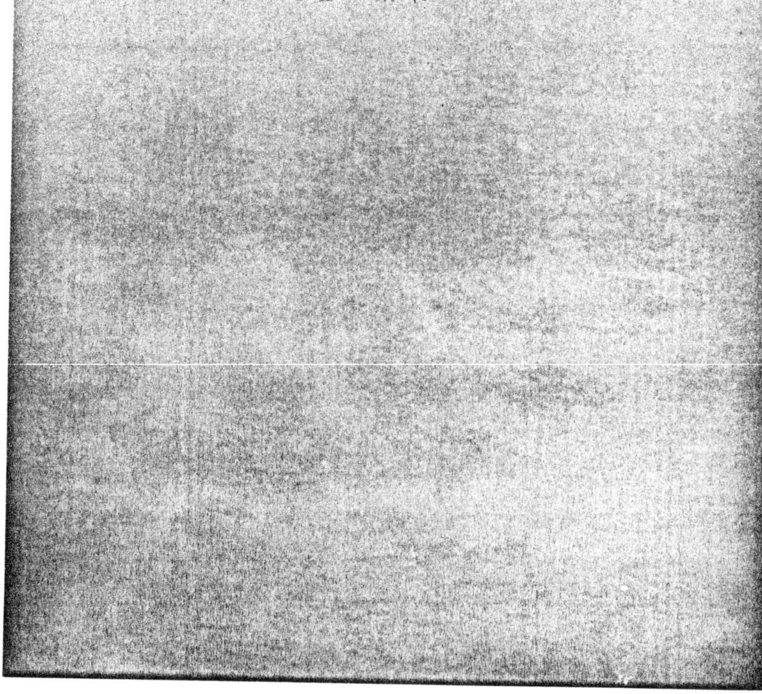

심령해부 15

이것은 영국의 유명한 고스트·헌터인 코오벳드씨가 어느 술집에, 지박령(地縛靈)으로 있는 로버트남작의 영체를 상자에 봉해버리는 현장과 밀봉되기 직전에 찍힌 그의 영체이다.

이 사진은 런던의 일간지(日刊紙)의 사진기자가 찍은 것으로 믿을 수 있는 것이다.

심령해부 16

1966년 영국의 런던에 있는 로이얼마리타임 박물관에서 아마추어 사진작가가 찍었다고 하는 심령사진이다.

같은 박물관에는 꽤 오래전 부터 영이 나타난다는 말이 있었고, 사진에도 그 영이 똑똑히 잡혀 있다. 다만 애석한 점은 영의 성별 같은 것을 전혀 알 수 없다는 것이다.

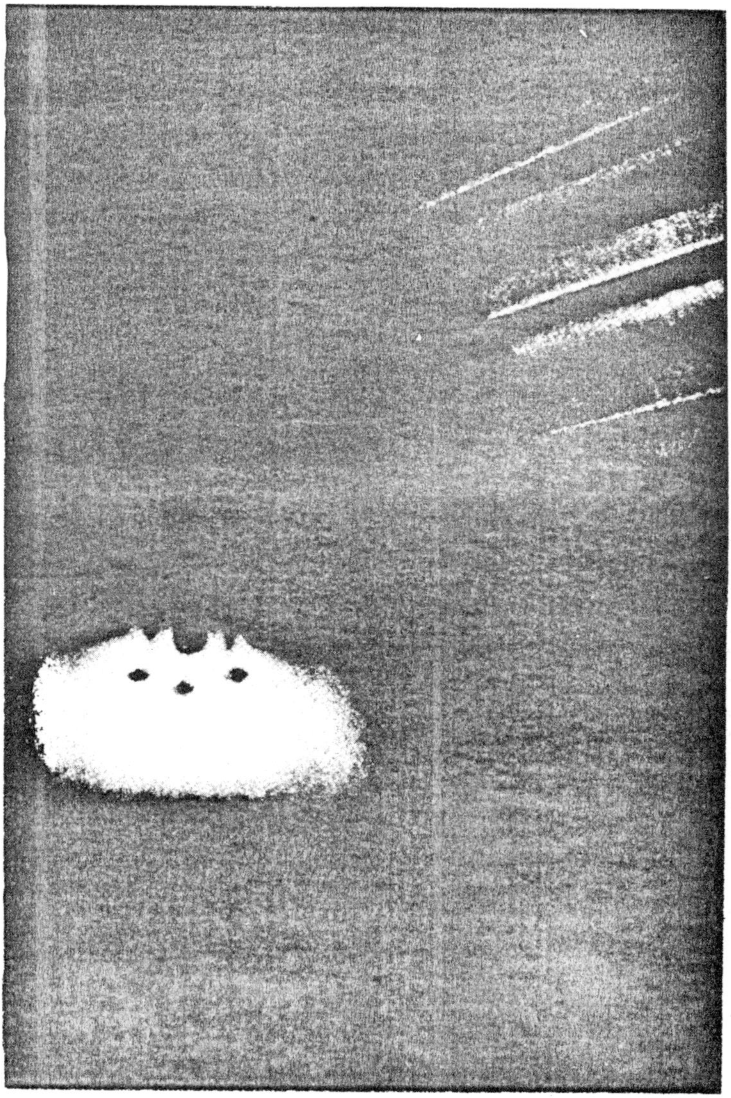

심령해부 17

이것은 미국인 여류 화가가 '영시(靈示)'를 받고 그린 유화(油畵)이다. 헌데 이상한 일은 이 그림이 매일 밤 변화하고 있다는 것이다.

영체의 눈은 그렸을 때는 감고 있었으나 지금은 떠있고 몸의 위치도 어긋나 있다고 한다.

미국에서는 변화하는 영체의 그림으로서 유명하다.

相靈

[어둠을 꿰뚫는 사랑의 아픔]

1. 죽은 미녀 쏘오냐

[묘비를 끌어안으며 그녀의 이름을 불러대던 쥬리오의 귀에 그리운 쏘오냐의 목소리가 들리고 이윽고 대리석의 관이 열렸다……]

쥐죽은 듯이 고요한 한밤중이다. 구름 사이로 보일락 말락한 희미한 달빛이 묘비의 그림자를 느리우고 있었다.

흙에 묻힌 죽은 이를 위해서인지, 이름모를 벌레가 서글프게 가느다란 목소리로 울고 있었다.

그날 매장된 죽은 사람의 무덤 앞에는 향이 강한 백합꽃이 놓여 있어서, 그 달콤한 행내가 밤의 묘지를 더더욱 으시시한 분위기로 만들고 있었다.

이곳은 브라질의 상파울로에 있는 콘손런 묘지이다.

갑자기 심야의 묘지에 불규칙한 발걸음 소리가 들리고 벌레의 울음소리가 뚝 끊겼다. 한사람의 사나이였다.

"쏘오냐! 쏘오냐!"

사나이는 괴로움에 몸부림치는 듯한 낮은 목소리로 여자의 이름을 불렀다. 그 목소리는 마치 묘지의 흙에 빨려들어 가는 듯 했다.

사나이는 주위에 있는 묘비를 들여다보고는 이름을 불러대는 것이었다. 이윽고,

"아, 있었다. 쏘, 쏘오냐!"

사나이는 대리석의 묘비에 새겨진 여자의 이름을 보자 미친듯이 묘비에 매달려 소리를 높여 그 이름을 불렀다.

"쏘오냐, 대답해 줘, 뭐라고 말 좀 해줘.…… 난 알고 말았단 말이다. 네가 망령(亡靈)이라는 것을… 하지만 난 놀라지 않는

다. 쏘오냐……."

사나이는 대학을 갓 졸업한 쥬리오라는 청년이었다.

두달 전의 일이었다. 그날, 쥬리오는 대학시절의 친구들에게 초대를 받고 밤 늦게 단 혼자서 집으로 돌아왔다.

그 돌아오는 길에 쥬리오는 길바닥에 쭈구리고 있는 젊은 여성을 보고 말을 걸었다. 그러자, 그 여성은 아무 말없이 살며시 얼굴을 들었다.

"아앗…"

쥬리오는, 너무나 아름다운 모습에 속으로 놀라움을 금치 못했다.

"난 쏘오냐, 우리 친구가 돼요."

"나……"

쥬리오가 말을 더듬자, 쏘오냐는 그의 이름을 말하고, 예전부터 알고 있었다고 한다. 그리고, 그날 부터 쥬리오는 쏘오냐의 노예가 되고 말았다.

"쏘오냐, 너의 집이 어데지?"

쏘오냐는 매일 밤 쥬리오를 만나고 있으면서도, 자기의 집을 가르쳐 주지 않았다.

"그런 것, 아무럼 어때? 이렇게 내가 오면 되는 거지……"

하지만 쥬리오는 어떻게든 그녀의 집을 알고 싶었다. 무슨 일이 있더라도 그녀와 결혼하려고 결심하고 있었던 것이다.

"그, 그건 안돼"

쥬리오가 결혼 이야기를 입에 담자, 쏘오냐는 당황해 했다.

그런 일이 있은 뒤 부터, 쏘오냐는 전처럼 매일밤은 쥬리오에게 오지 않게 되었다.

"어째서 날마다 와주지 않는 거야 내일도 와주지 않으면, 오늘 밤은 돌려보내지 않을 거야."

쥬리오는, 미친듯이 그녀의 손을 잡았다. 그녀는,

"그렇지만 당신을 불행하게 할 순 없어."

쏘오냐는 눈물을 글썽이며 그의 손을 뿌리치고 돌아갔다.

—좋아, 그렇다면 뒤를 밟을 거야—

쥬리오는 살며시 그녀의 뒤를 좇았다. 이윽고 쏘오냐가 벌레의 울음 소리만이 들리는 깜깜한 쿈숀런 묘지 안으로 사라지는 것을 보고만 것이다.

"쥬리오, 여기 오면 안돼."

묘비를 끌어 안으며 그녀의 이름을 불러대고 있던 쥬리오의 귀에, 그리운 쏘오냐의 목소리가 들리고 이윽고 대리석의 관 뚜껑이 열리고 속에서 쏘오냐가 나타났다.

"쏘오냐"

쥬리오는 그녀의 손을 잡자, 그 몸을 힘껏 껴안았다. 그녀의 몸은 오싹할 정도로 차디찼다. 그것은 바로 죽은 사람의 몸이었다.

"안돼, 놔 줘…… 그렇게 하잖으면 당신의 생명이……"

쏘오냐는 슬픈듯이 말했다.

산 사람이 죽은 사람을 껴안으면, 죽은 사람에게 그 생기를 빨려, 빨리 죽게 되는 것이다.

"상관 없어 너와 함께라면…"

쏘오냐는 그의 마음이 고맙고 기뻤다.

이윽고 두 사람의 몸은 관 속으로 사라졌다.

"너 어데 아픈 거지……"

눈에 띄게 여위어 가는 쥬리오를 보고 어머니는 걱정이 되어 물었다. 하지만, 쥬리오는 아무 말도 없이, 밤마다 묘지에서 쏘오냐와 만나고 있었다.

"틀림없이 뭔지 불길한 일이……."

어느날 밤 쥬리오의 어머니는 외출하는 아들의 뒤를 몰래 따라갔으나 쥬리오가 쏘오냐의 망령과 함께 관 속에 들어가려는 것을 보고 깜짝 놀랐다.

"쥬리오 잠깐만 기다려라!."

기가 센 어머니는 무의식적으로 목에 걸고 있던 십자가를 뜯어내어 쏘오냐에게 던졌다.

"으윽……"

쏘오냐는 십자가를 이마에 맞고 쓰러지려고 하였으나, 다짜고짜 쥬리오를 안고 관 속으로 사라졌다.

쥬리오의 어머니는 목사를 데리고 와서는, 자초지종을 이야기하면서 관 뚜껑을 열어달라고 했다.

백골이 된 시체를 끌어안고, 가사상태에 있는 쥬리오를 본 목사는 말도 못한채 멍청히 있었다.

다행히도 목사의 응급처치가 잘 되었으므로 쥬리오는 목숨은 건졌으나 혼이 빠진 사람처럼 되고 말아서 지금도 산 송장처럼 지내고 있다.

2. 그와더루우페의 기적

[그와더루우페 사원(寺院)에서 하는 무릎걸음 기도를 계속 한지 7일째 되던 날 밤, 성모 마리아의 모습이 보였다. 그리고 '상처는 꼭 낫는다'고 하는 예고를 들었다…]

케르너는 넓은 광장을 오른쪽으로 왼쪽으로 힘차게 달리는 모로를 바라다 보면서 한숨 놓은듯 중얼거렸다.

"오빠, 훌륭하게 재기할 수 있었군요…"

몸이 깎이는 듯한 괴로움을 맛본 일년 동안이라는 세월을 뒤돌아다 보면, 케르너에게는 모로가 한사람의 투우사로서 데뷰했을 때보다도 훨씬 가슴에 와닿는 것이 있었다.

살며시 중얼거리는 케르너의 눈에서 진주처럼 아름다운 눈물이 흘러 나왔다.

그날 5만명을 수용할 수 있는 넓은 스탠드에는 케르너 한사람의 모습밖에 없었으나, 힘차게 달리는 모로에게 팬들로 부터 우뢰와 같은 박수와 함성이 터져나오는 듯이 케르너에게는 생각되었다.

날개짓 하는 소리와 함께 푸드득 날아오르는 비둘기의 무리조차도 모로를 축복하고 있는 듯이 보였다. 하지만 이 케르너와 모로를 다시금 불행의 구렁텅리로 떨어뜨리는 사고가 일어난 것이다.

"오늘은 오빠 좋아하는 스프를 만들어 볼까?"

2년 전에 부모를 잃은 케르너와 모로는 오누이 둘이서 살고 있었다. 케르이는 식사 준비에서 부터 빨래까지 집안 일을 모두 했다.

"머지 않아 꼭 행복하게 해줄께."

모로는 케르너의 행복을 진심으로 생각하고 열심히 일했다.

오빠는 누이동생의, 누이동생은 오빠의 시중을 잘 들었으므로 근처에서도 소문난 사이좋은 오누이로 통하고 있었다.

"늦는데…."

저녁식사 준비가 다 되었는데 모로는 돌아오지 않았다. 여느 때 같으면, 이미 돌아와 있을 터인데…….

케르너는 그 날 나갈 때 모로가 내일은 사나운 소를 상대로 하지 않으면 안되니까 충분히 연습을 해야지, 하고 말했던 게 생각되었다.

"배가 고플텐데……."

케르너가 모로의 격렬한 연습 모습을 상상하면서 중얼거리고 있을 때였다.

"케르너야, 큰일났다!"

문에 요란한 노크 소리가 나고, 숨을 헐덕인 사나이의 목소리가 들렸다. 케르너는 깜짝 놀라 일어나며 문을 열었다.

"모로군이 크게 다쳤다! 빨리 병원으로 가자!"

케르너는 눈 앞이 캄캄해졌으나 앞질러 온 사나이를 따라 모로가 입원하고 있는 병원으로 달려 갔다.

모로는 온 몸에 여섯 군데에 상처를 입고 있었고, 두 다리 뼈가 부러져서, 소녀의 눈으로도 오빠가 투우사로서 도저히 일할 수 없다는 것을 알 수 있었다.

"그렇단다. 안됐지만, 모로군은 이제 투우사로서 재기하는건 불가능하다."

의사는 케르너의 질문에 어두운 표정으로 대답했다.

"오빠……."

케르너는 충격과 슬픔이 너무 큰 나머지 정신을 잃고 병원 바닥에 쓰러지고 말았다.

"어떻게든지 오빠를 재기시키지 않으면 안돼……."

충격이 큰 나머지 말하는 것도 잊은 듯이 침대 위에서 멀거니 천정만 보고 있는 모로를 보고 케르너는 눈물을 흘렸다.

"그렇다! 그와더루우페에게 부탁하자."

몇날 몇밤을 곰곰히 생각하던 케르너는 기적이 일어날 것을 하느님께 기도하기로 결심했다.

그와더루우페 사원은 1531년 환테고라는 농민의 앞치마에 그 모습을 나타낸 성모 마리아가 본존(本尊)으로 모셔져 있고, 지금까지 수많은 기적을 일으킨 것으로 유명한 중남미의 가톨릭 교도들이 총본산(總本山)으로 우러러 보고 있는 절이다.

하지만, 이 절에 가서 기원(祈願)을 할 경우에는 백 수십 미터 남짓한 석판(石板) 위를 두 무릎을 꿇고 앉음뱅이 걸음으로 가지 않으면 안된다.

두 무릎의 살갗이 까지고 피가 흘러 내려도 이를 악물고, 꾹 참고 무릎걸음을 계속하지 않으면 기원하는 효험이 없다고 하는 잔혹한 것이다.

"설령 나의 두 무릎이 닳아 없어지는 한이 있더라도 오빠가 재기할수만 있다면……."

케르너는 그렇게 마음에 작정을 하자 살며시 병원을 빠져나가 그와다루우페 사원으로 갔다.

"마리아님, 부디 오빠에게 기적을 내려주십시오……."

케르너는 사원의 정면을 들어서자 한 손에 꽃을 또 한 손에 촛불을 들고 두 무릎으로 무릎걸음을 하기 시작했다.

체중이 두 무릎에 걸리고, 돌이 살갗에 파고 들어와, 불과 5분도 무릎걸음을 가지 않았는데, 이마에서는 굵은 땀방울이 배어나오고 눈물이 흘러 내렸다.

"이래서는 오빠의……."

케르나는 몇번이나 딩굴고, 무릎의 살갗이 찢어져 피가 났으나 열심히 무릎걸음을 계속했다. 그것은 죽을 것 같이 힘든 것이었다.

하지만 케르너는 모로를 재기시켜야겠다는 일념에서 날마다 무릎걸음 참배를 계속하여 7일이 지난날 밤, 몹시 아픈 무릎을 부비며 꾸벅꾸벅 졸고 있을 때였다.

"마리아님……"

성모 마리아의 모습이 똑똑히 보였던 것이다. 마리아는 인자하게 미소 지으며 케르너를 손짓하고 있었다. 하지만 케르너가 가까이 다가가자, 그 모습은 사라져 보이지 않게 되었다.

케르너는 그 날부터 이틀 계속해서 성모 마리아의 모습을 보았다. 그리고 사흘째 되던 날 밤…….

'케르너, 모로의 상처는 반드시 낫는다.'고 말하는, 마리아의 목소리를 케르너는 들었다.

케르너는, 마리아의 말을 믿었다.

그리고 비 오는 날이나 바람 부는 날이나, 그와다루우페 사원에서의 무릎걸음 기도를 계속했다.

이윽고 97일째 되던 날의 일—

"케르너야! 앞으로 2, 3일만 지나면 모로의 발은 움직이게 된다."

열심이 무릎걸음을 계속하고 있는 케르너의 옆에 한사람의 초라한 노파가 다가와서 넌즈시 귀띔하듯이 말하더니 곧 모습을 감추고 말았다.

"이상하다. 정말 신기하다…."

모로의 발이 움직였을 때 의사들은 놀란 나머지 소리를 지렀다. 케르너는 기쁜 나머지 흐느껴 울었다.

이렇듯 현대에 일어난 기적으로, 아니 케르너의 피 맺힌 기원으로 모로는 재기를 했다.

3. 사령(死靈) 살인사건

[반년이나 이전에 자살한 연인으로 부터 '난 살해됐어요. 날 죽인 델지를 죽여 줘요' 하는 속삭이는 듯한 소리가….]

시계가 열두시를 쳤다. 하지만 잠을 자려고 하면 할수록 가르켄의 눈은 말똥말똥해진다.

"새삼스럽게 마아시의 일을 생각해도 소용이 없는데……."

그렇게 생각하면서도, 자살한 연인 마아시의 일이 머릿속에서 떠나지 않는 것이다. 그런 때,

"가르켄……."

갑자기, 그의 귀에, 가냘픈 여자 목소리가 들려왔다. 깜짝 놀라 방 안을 둘러보았으나, 옆 침대에서 동생들이 평화스러운 숨소리를 내고있는 것 이외에는 사람의 인기척이라고는 없다.

고개를 갸웃둥거리며 침대에 들어간 가르켄의 귀에, 이번에는 전보다는 뚜렷하게 들렸다.

"가르켄, 가르켄……"

그 목소리는 뜻밖에도 연인 마아시의 목소리가 아닌가!

'아니, 마아시는 반년이나 전에 자살했단 말야. 그럴 리가 없어.'

그렇게 생각하면서도 가르켄은 등줄기에 차가운 것이 흐르는 것을 느꼈다. 그는 피곤한 탓인지도 모른다고 여기고 담요를 머리 끝까지 뒤집어 썼다. 하지만, 마아시의 목소리는 그런 가르켄에게 속삭이듯 이야기하기 시작했다.

"가르켄, 도와주기 바래요… 난 자살한 게 아냐. 그 사나이가 자살한 것처럼 꾸미고 나를 죽인 거야… 가르켄 날 사랑한다면……."

마아시의 목소리는 데르지 라는 사나이가 사랑을 받아달라는

걸 거절당한 보복으로 그녀를 죽였을 때의 상황을 자세히 이야기했다.

“그, 그래서, 도와달라고 하는 건……?”

가르켄은 조심조심 침대에 일어나 앉으면서 물었다.

“데르지를 죽여주기 바래!”

명령하듯 마아시의 목소리는 단호하게 말하는 것이었다.

“뭐라고? 죽여? 그런 일 할 수 없어….”

가르켄은 컴컴한 방 안에서 마아시의 모습을 찾아보았다. 하지만 모습은 없고 목소리만이 그를 재촉하듯이,

“자 빨리 갑시다….”

하고 말할 따름이다.

“싫어, 사람 죽이는 일은 싫어!”

하지만 그의 몸은 눈에 보이지 않는 이상한 힘에 끌려 어느덧 집 밖으로 빠져 나왔다. 이윽고, 가르켄은 깜짝 놀라서 자기 주위를 보았다. 그곳은 낯선 방안이었다.

한쪽 구석의 침대에 한사람의 사나이가 자고 있다. 그 때였다.

“자 가르켄, 내 말대로 해. 책상 속에 있는 권총을 꺼내는 거야.”

다시금 마아시의 목소리가 명령을 한다. 그리운 마아시의 목소리에 가르켄은 이성을 잃어가는 것이었다.

어느 틈에, 가르켄은 권총을 들고 있었다.

“그래, 좋았어. 나를 사랑하고 있다면, 그 사나이의 머리에 권총을 쏴요!”

가르켄의 손이, 서서히 올라가서 사나이의 머리 위로 왔다.

탕 탕―!

요란한 총소리가 울려퍼졌고 사나이는 낮은 신음소리를 남기고 죽어 갔다.

“내가 한 게 아니요. 마아시의 명령이었오!”

경찰에 붙잡힌 가르켄은 필사적으로 설명을 했으나, 연인 마아시

도 죽었으므로 아무 증거도 될 수 없었다.

헝가리의 데프레첸에서 재판중인 이 사건은 온 세계에서 큰 반응을 보이고 있다.

4. 죽은 사람에게서 온 편지

[리아의 노오트에 가득 씌여진 글씨는 죽은 어머니에게서 온 편지였다.]

탁상시계가 졸리운듯 밤 10시를 쳤다.

"그만 잘까…."

시험 공부를 하고 있던 대학 2학년의 리아양은 책상 위에 가득 펴놓은 책이니 공책을 챙기고, 문단속을 하기위해 방을 나갔다.

건축 기사인 아버지의 이층 작업실에는 아직 불이 켜있다.

현관과 부엌의 문단속을 마치자, 동생들이 자고 있는 방을 들여다 본다. 이윽고 지금은 빈 방이 되어 있는 어머니의 방 앞을 지나간 리아는 문득 귀를 귀울였다.

"으으으……"

방안에서 있을 턱이 없는 어머니의 목소리가 들려오는 것이다. 리아는 조심 조심 문을 열어보았다.

"앗"

리아는 심장이 멎는 게 아닌가 할 정도로 놀랐다. 캄캄한 방 안을 큰 불덩어리가 하나 세차게 굴러다니는가 싶더니, 슬그머니 사라지고 말았다.

바로 그때 찌리링 찌리링 요란하게 옆의 전화가 울렸다.

"여, 여보세요…."

리아의 목소리는 쉬고 떨려있다.

"뭐요? 어머니가요? 아, 아버지!"

리아는 수화기를 든 채 큰소리로 이층의 아버지를 불렀다.

전화는 입원중인 어머니의 병세가 갑자기 나빠진 것을 알려 온 것이었다. 리아는 조금 전에 본 불덩어리를 생각하고 파랗게 질렸다. 등골이 오싹해졌다….

"어머니 돌아가심 안돼…."

병원에 달려간 리아는 죽음의 한발 앞에 있는 어머니를 끌어안고 몹시 울었다. 리아의 눈물은 핏기를 잃은 어머니의 뺨에 뚝뚝 떨어지는 것이었다. 하지만 리아의 고원도 헛되게, 어머니는 곧 숨을 거두고 말았다.

이곳은 이태리 로마의 교외—

"리아, 아버지 먼저 잔다."

공부하고 있는 리아의 방을 아버지가 기웃거렸다.

"예, 그렇게 하세요. 아버지 문단속 하셨나요?"

리아는 어머니가 죽은 뒤 이상한 불덩어리를 본 후부터 문단속 하는 것을 무서워했다.

"그래 다 했다. 빨리 끝내고 자거라."

리아는 노오트를 편채 죽은 지 벌써 두달이 지난 어머니의 일을

생각하고 있었다.

—인자하셨던 어머니. 환히 웃는 얼굴. 그 어머니는 우릴 남기고 혼자서만 천국으로 가버리셨다. 지금쯤 어데서 무엇을 하고 계실까? 우리들을 보고 계시고나 있을까…….

추억은 꼬리에 꼬리를 물고 이어졌다.

리아는 생각을 고쳐먹고는 다시 공부를 시작한다. 하지만 피곤해서인지, 곧 잠이 오고 생각되로 나가지 않는다. 리아는 게슴치레한 눈으로 노오트를 마주 보고 펜을 놀리고 있었다.

"모두 조사해온 것 같군요. 그럼 차례로 발표해 주시오."

사회과 선생님은 교실 안의 학생들을 둘러보고 말했다.

리아는 어젯밤 늦도록 정리한 노오트를 가방에서 꺼내어 펼쳐보았으나,

"어머!"

놀라 소리를 질렀다. 노오트에 가득 씌여진 글씨는 리아의 필적과는 다른 것이다. 무심히 그 노오트의 글씨를 읽기 시작한 리아의

안색은 순식간에 변하여 창백해졌다.

"선, 선생님!"

리아는 노오트를 팽개치고 소리쳤다.

"이상한데요··· 이것은 틀림없이 죽은 아내의 필적이고, 씌여진 내용은, 우리에게 보낸 편지입니다만···."

선생님이 주는 노오트를 본 리아의 아버지는 고개를 갸우뚱했다.

그 편지는 리아와 그 동생들을 걱정하고, 또한 시치리아섬에 있는 친척의 일까지 걱정하는 편지였다. 리아의 노오트에 빽빽히 적힌 글씨는 죽은 어머니에게서 온 편지였던 것이다.

"선생님, 이것은 돌아가신 어머니가 쓰신 것입니까?"

리아는 불 덩어리의 일도 있고, 그 무서웠던 일에 입술을 바르르 떨고 있다.

"아니 네가 쓴 거야."

"예? 제가요······."

"그래. 이것은 심령학에서 말하는 오토매틱·라이팅(자동서기)으로서, 너희들의 일을 걱정하고 돌아가신 어머니가 네 손을 빌어서 쓴 것이란다. 네가 졸면서 노오트를 쓰고 있을 때, 어머니의 영이 그 손에 실려서 네게 편지를 쓰게 했다는 것이지."

리아와 아버지는, 그 이상한 현상에 멀건히 있었다

"어머니, 걱정하지 않아도 우리는 괜찮아요."

리아는 팬단트에 넣어둔 어머니의 사진을 살면시 만지며, 아버지와 얼굴을 마주 보며 생긋 웃었다.

죽어서까지, 우리의 일을 걱정해 주는 어머니의 마음이 기뻤던 것이다.

5. 엄마에게서 온 전화

[리아라가 엄마의 시체에 매달리자, 고통으로 일그러졌던 엄마의 얼굴이 한순간 웃었다… 그 입은 리아라의 이름을 부르는듯 했다.]

밖에는 명주실 같은 가는 비가 내리고 있고, 문 틈으로 습한 바람이 불어 오고 있다. 리아라는 불안하여 무심히 시계를 쳐다 보았다.

고요한 방 안에서, 시계의 추만이 가만한 소리를 내고 왔다갔다 움직이고, 12시 10분이 지나 있었다.

이곳은 루마니아 남부의 레스아트라 동네.

너무 무더워서 리아라는 선풍기의 스위치를 켰다. 하지만 그래도 땀이 나와서 왠지 모르게 답답함을 느낀다.

어머니는 볼 일이 있어 나갔고, 이미 다섯시간이나 지났는데, 아직 돌아오지 않는다.

"곧 돌아 온다고 하셨는데, 도대체 무얼 하고 있는 걸까?"

리아라가 그렇게 중얼거리면서 방을 나와 찬것이라도 마시려고 부엌에 섰을 때였다.

찌르릉 찌르릉

갑자기 전화의 벨이 이상한 소리로 울렸다.

현관 옆에 놓여 있는 전화기에 손을 댔을 때 옆에 장식해 놓은 백합꽃이 한송이 마루 위에 떨어졌다. 그것은 오늘 아침, 어머니가 꽂아놓은 백합꽃이었는데….

"여보세요…."

리아라는, 수화기를 들고 말을 했다.

"리아라야……."

수화기 저쪽에서, 고통스러워 하는 듯한 여자의 음성이 들려 왔다. 리아라는 하마터면 수화기를 떨어뜨릴뻔 했다.

"어, 어머니!"

"리아라야, 엄마는 차에 치었다. 가망이 없어…… 앞으로의 일은, 시골 할머니와 잘 의논해서 결정하여라. 엄마는 아빠한테 간다…."

전화 목소리는 그곳에서 끊겼다. 리아라는 온 몸의 피가 싹 빠지는 듯하고 눈 앞이 캄캄했다. 리아라는 수화기를 든채 멀건이 서 있었다.

겨우 제 정신이 든 리아라는 택시를 잡자 마음에 집히는 병원을 찾아다녔다. 이윽고 세번째 병원에 달려갔을 때의 일이다.

"어, 어떻게 그것을? 분명히 그런 이름의 여자가, 차에 치어서 실려 왔지만, 그 사람은 병원에 도착하자 곧 죽었습니다만…."

"뭐라구요?"

리아라는 그대로 기절을 하고 말았다.

"음, 병원에 실려와서 숨을 거둔 게 12시 5분. 당신이 전화를 받은 게 12시 10분 조금 지나서였다고 했지. 그렇다면, 죽은지 5분 뒤에 전화를 건 셈이 된다……."

정신이 든 리아라에게서 이야기를 들은 의사와 경찰관은 너무나 이상한 일에 잠시 생각에 잠기고 말았다.

"그렇다면 그 전화는 도대체 누가……."

의사와 경찰관은 으시시하다는듯 얼굴을 마주 보았다.

의사는 엄마의 시체가 안치되어 있는 방으로 리아라를 안내하고 말없이 나갔다.

"엄마!"

리아라가 엄마의 시체에 매달렸을 때 그때까지 고통스러워 일그러졌던 엄마의 얼굴이 한순간 웃고 그 입은 리아라의 이름을 부르기라도 할 것처럼 눈물로 흐려진 리아라의 눈에는 비쳤다.

6. 저주받은 돌기둥

[이 돌기둥을 제거하려고 하면 어찌된 일인지, 그 작업에 종사하는 사람에게 반드시 무슨 일이고 일어나는 것이다 ….]

도꾜의 하네다공항 앞에 큰 주차장이 있다. 이 주차장에는 새빨간 큰 기둥문이 서 있다.

지금까지 수없이 이 기둥문을 제거하는 작업을 하였으나 이 작업을 시작하면 그의 저주를 받아서 작업하는 사람이 크게 다치거나 하는 사고가 일어나 지금도 기둥문은 남아 있다.

이 기둥문과 비슷한 저주의 돌기둥이 미국의 오거스터시에 있어서 사람들이 두려워 하고 있다.

일본인만큼 미신을 믿지 않는 미국인도 이 돌기둥에는, 그 옛날 이 기둥에서 화형을 당한 한 여자 노예의 영혼이 빙의되어 있는 것이라고 한다.

도로를 확장하기 위해 오거스터시 당국은 이 돌기둥을 제거하려고 했다. 헌데, 어찌된 일인지, 그 작업에 종사하고 있던 두사람의 노동자가 원인불명의 병에 걸려서 급사하고 말았다.

또한 아무리 새 것이고 튼튼한 함머를 써도, 그 자루가 부러지고 몇몇 노동자가 손이나 팔이 부러지는 등 불상사가 났고, 방진(防塵) 안경의 유리를 뚫고, 기둥의 돌 파편이 눈을 찔러 몇몇이 실명을 하는 등의 이상한 사건이 계속 일어났다.

시당국은 계속되는 이상한 사고와 거센 세론(世論)의 비난과 반대를 받고, 돌기둥을 제거하는 공사를 중지했다. 돌기둥이 저주받은 기둥이라고 불리우게 된 것도 이 일에서 비롯되었다.

어느 날 아침, 저주 받은 기둥 앞에 사람들이 구름떼처럼 모였

다. 까닭인즉 돌기둥에 흑인의 실물 크기의 산 사람과 흡사한 인형이 묶여 있었고, 그 가슴에는 잭나이프가 꽂혀 있고, 가슴에는 빨간 것이 떨어져 있었기 때문이다. 그리고 인형 옆의 기둥은 크게 깎여 있었던 것이다.

산 사람 같은 그 인형을 바라다보는 사람의 표정은 복잡했다. 어떤 사람은 눈살을 찌프리고, 어떤 사람은 웃음을 띄우고 있었다.

며칠 뒤, 같은 시의 안과의사 존 · 휴우레에게 한 백인이 한쪽 눈을 잡고 뛰어 들었다.

"선생님 며칠 전부터 뜨끔거리고 이상합니다…."

휴우레는 사나이의 눈 속에 박혀 있는 뾰족한 돌조각을 보자, 마음 속으로 놀라움을 금치 못했다.

그 돌은 저주 받은 기둥의 돌조각이었던 것이다.

휴우레는 수년 전 기둥을 제거하는 작업을 하다가, 기둥 돌조각에 눈을 찔린 노동자들을 진찰했었으므로 기둥의 돌조각을 알고 있었다.

"자네, 그 기둥에 인형을 붙였었지?"

"모, 몰라요."

"거짓말 해도 소용없어. 자네의 눈에 꽂혀 있는 것은 저 저주 받은 기둥의 돌조각이야."

사나이의 안색이 삽시간에 새파랗게 질렸다.

"눈이 멀면 어쩌죠?"

사나이는 흑인 인형을 동여매고, 기둥을 깎았을 때부터 이상해졌노라고 고백했다. 사나이의 눈은 휴우레 보기에도 손을 쓸 수 없을 정도로 나빠져 있었다. 이번의 사고도 여자 노예의 영이 일으킨 것일까? 휴우레는 '나는 무신론자로서 지금까지 '영(靈)'의 존재 따위는 믿지 않았으나 저 돌 기둥만큼은 나의 생각을 바꾸게 했다'고 말하고 있다.

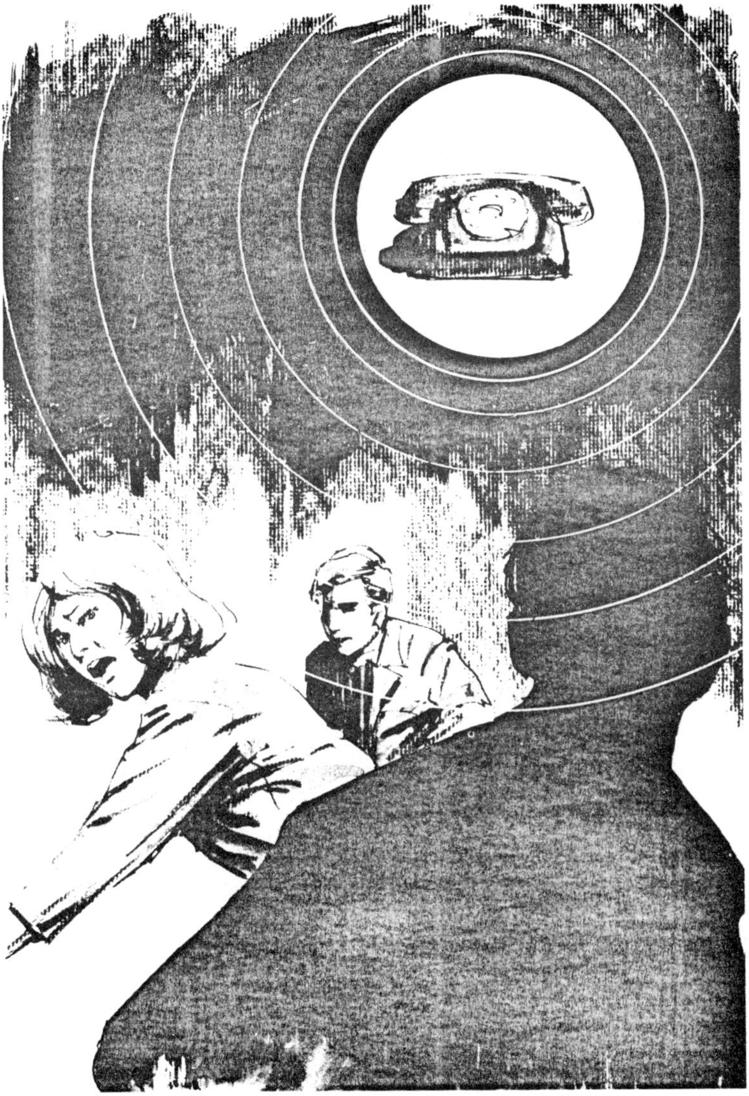

악령퇴산

악령이란 무엇인가?
붙은 악령을 어떻게 떼는가?

1. 영혼은 존재하는가?

—악령의 근원 '영혼'이란 무엇인가?—

영혼을 과학적으로 연구

'영혼'이란 무엇인가? 나는 취재를 나가면 반드시 이런 질문을 한다. 그러면 대부분의 사람이 '그런 것은 미신이다'고 일소한다.

그것이야 어떻게 생각하던 개인의 자유이지만, '미신'이라는 대단히 편리한 말로 이 문제를 매도해도 좋은 것일까? 우리들 중에는 아무래도 '영'이니 '영혼'이니 하는 말을 꺼내면 미신가라든가 또는 비과학적 인간이라든가 하는 선입관을 갖는 사람이 많다.

그 원인은 우리들의 대부분이[기독교도를 포함해서] 조상의 무덤을 참배하든가 사람이 죽으면 스님을 불러다가 독경을 부탁하듯이 영혼 그 자체에 대해서는 막연하나마 귀한 것이라 생각하지만, 그 참된 모습을 애써 외면하려는데 있는 것 같다.

그러므로 오히려 영이나 영혼에 대해 생각하려는 인간이 미신이라는 구실로 그 미신을 묵인하는 인간보다 훨씬 과학적이라고 할 수가 있으리라.

그건 그렇고 문제의 '영혼'인데, 분명히 말해서 이것에는 아직 해명할 수 없는 수수께끼의 부분이 많이 있다. 그것은 영혼 그 자체가 미신이기 때문이 아니고 과학이 이를 완전히 해명하지 못하기 때문인 것이다. 즉 과학의 힘[심령과학을 포함]은 아직 영혼을 해명하는 곳까지 도달하고 있지 않는 것이다.

영혼의 존재에 관해선 옛날부터 갖가지의 설이 있지만, 고대 이집

트나 중국의 '인간의 육체엔 영혼이 깃들어 있고 사람이 죽으면 그것이 날아가 버린다'는 생각이며 유럽의 인간의 신체엔 무색투명의 애스트럴 보디 Astral body[영체 · 유체]가 붙어 있고 살아있을 동안은 육체와 겹쳐 있지만, 죽으면 육체부터 빠져나간다는 생각은 지난 수십년대의 연구로서 본질에 가까운 사고 방식으로써 인정되기 시작하고 있는 것 같다.

즉 인간의 신체는 1개의 물질인 육체와 또하나인 영혼 또는 영체로부터 성립되고 있다는 것으로서, 현재로선 이것이 가장 일반적으로 생각되는 '영혼'의 개념인 것 같다.

투시(透視)란 무엇인가?

여러분은 '혼백'이나 유령을 본 일이 있는가? 유령(귀신)을 본 사람은 적다고 생각되지만 아마 '혼백'이라고 여겨지는 것을 본 사람은 있으리라고 믿어진다.

그 과학적 용어로서 '투시' · '투청' · '투각'은 프랑스에서 시작되었지만, 이것은 주로 프란츠 · 양통 · 메즈엘 박사의 신봉자들에 의해 사용되었다.

박사는 처음에 '동물자기(動物磁氣)' 나중에는 그의 이름을 따서 매즈머리즘(Mesmerism(최면술)을 보급시킨 사람이다. 즉 매즈멜파 연구 분야의 대부분은 그 뒤 제임즈 · 브레트 박사에 의해 새로운 이름이 붙여졌다.

브레트는 그것을 '최면'이라 이름짓고 그때까지 단편적이었던 매즈멜파의 의료 기술의 지위를 향상시켰다.

초기의 매즈멜파의 사람들은 연구를 계속하는 사이 환자 중에는 깊은 최면적 '트랜스' 상태로 들어갔을 때 오늘날의 말로 E · S · P 곧 '초감각 지각'으로써 알려져 있는 현상과 똑같은 징후를 나타내는 것이 있음을 발견했다. 이런 것이 용어의 혼란을 거치면서 '초월감각'이니 'ESP'니 '투시니 하며 불렸던 것이며, 본질은 같은 것이었다.

그러니까 '투시' · '투청(透聽)' · '투각(透覺)'은 각각 '명백히 본다', '명백히 듣는다', '명백히 느낀다'는 것을 의미한다.

물론 이것들은 보통의 육체 감각은 아니고 오히려 초상적(超常的), 초육체 감각 지각을 가르키는 것이다.

그러나 이러한 초육체지각이 우리들의 육체 감각을 통해 마음의 속에 들어오는 것이 아니라고 한다면, 그것은 대체 어디에 근원이 있는 것일까?

영혼은 인간의 마음

어떤 백과사전에서 '영혼'에 관해 알기쉽게 설명되어 있었다.

'혼이란 인간, 나아가선 동식물을 살리고 있는 원리로써 상정(想定)되는 것,단지 '영'이라고 한다. 19세기 이래의 실증적인 심리학이

발달에 의해 영혼이 실체(實體)로써 존재하는 일은 과학적인 의미로선 부정되고 있지만, 종교에 있어선 아직도 기초관념의 하나로써 중요한 일이 많다.

또한 '영혼불멸설'에 관해 백과사전에선 다음과 같이 설명된다.

'인간의 사후에도 그 사람의 영혼은 존재한다는 설. 존재를 계속한다는 것은 다만 막연히 살고 있다는 것은 아니고 자각적 인격으로써 계속 산다는 의미이다. 영혼의 불사는 원시시대부터 믿어지고 있으며 기독교나 유신적 철학의 근본 진리의 하나이지만, 유물론자나 실증론자는 영혼의 존재를 부정하므로 영혼불멸을 문제로 삼지 않는다'

조금 모순된 설명이다. 앞에서 나온 일련의 과학자들은 초육체 지각이 그것은 우리들의 마음의 잠재의식(潜在意識)으로부터 나오는 것이라고 규정했다.

잘 알다시피 현대 심리학은 보통의 의식아래 또는 내부에 몇 층의 마음 심층(心層) 이 있음을 밝혀내고 있다.

'투시'가 떠올라 오는 지점은 이러한 심층에 있다. 그러니까 우리들은 모두 초물리적 실체로서 성립되는 미세한 '몸'을 소유하고, 그런 미세한 몸의 갖가지 '감각 기관'은 깬 의식과 연관을 가질 수가 있으며 그때문에 우리들은 보다 미세한 물질의 차원에서 지각(知覺)한 것을 '의식적'으로 지각할 수 있게 된다.

왜냐하면 이는 상당히 확실한 일이지만 우리들은 이러한 초육체 감각의 정보를 의식적으로 받아들이지 않는다 하여도 마음의 심층에선 깨어 있을 때든 잠자고 있을 때든 실제로는 이와 같은 정보군(情報郡)을 늘 받고 있는 것이다.

동양에서는 전통적으로 심령 능력 개발을 위해 면밀한 프로세스가 연구되고 있었다. 그것은 '차쿠라'로서 알려져 있는 복잡한 구성을 가진 일곱개가 1조인 '고리'이고, 이 고리를 개발할 수 있다면 초육체 감각으로 받아들인 정보를 잠재의식을 통해 깨어 있는 마음에 도입할 수가 있는 것이다.

그런데 심리학자는 시각이나 청각이나 기타 감각에 의한 이상지각(異常知覺)은 대부분의 경우, 이것들이 잠재의식 속에서 생기는 것은 확실하지만 실은 그 속에 있는 어떤 유의 긴박감(스트레스)이나 긴장때문에 생긴다고 한다.

ESP의 이미지와 이런 잠재의식 속에서 태어난 이미지는 다른 것인데, 쌍방 모두 그 이미지나 음성 등은 저 잠재 의식층의 활동을 지배하는 몇가지 법칙에 따라 형성되어 있기 때문에 생기는 혼동이다.

즉 어떤 사람이 본 것이 사실은 ESP인지도 모르는데 잠재의식을 지나며 깬 자기에 도달하기 까지에는 무언가의 왜곡(歪曲)을 받게 됨은 크게 있을 수 있는 일이다.

W · T · 스테트는 노련한 저널리스트이고 사회 개혁가였는데, 이런 사실을 '스테인드글라스 효과'라고 불렀다. 이는 잠재의식의 활동을 설명하는데 있어 아주 알기쉬운 비유이다. 스테인드 글라스의 창문이 그것을 통과하여 흘러 들어오는 백색광(白色光)에 자기 자신의 모양이나 빛을 강요하듯이 잠재의식은 그것을 통과하여 깬 자기에게 도달하는 모든 것을 착색하고 왜곡시키는 것이다.

유령과 도깨비

여기서 잠깐 '유령'과 '도깨비'에 대한 정의(定義)를 내려 두자.

유령(귀신)—주로 사람이 죽은 뒤 영혼이 생전의 모습으로 이세상에 나타나는 것. 오늘날에는 요괴(妖怪)도 같은 것으로 생각되고 있지만, 유령은 망령(亡靈)을 말하며 요괴와는 다르다.

사람의 육체에는 영혼이 깃들어 있고 사람이 죽으면 육체는 썩어 없어지나 영혼은 사후에도 존속된다고 생각되며 예사롭지 않은 죽음 까닭에 제사를 받지 않는다든가 이세상에 원한이나 미련이

있어 죽은 자의 영은 타계에서 안주하지 못하고 유령이 되어 나타난다고 생각된다.

서양에서도 꿈속에서 혼백이 육체부터 떨어지든가 육체는 죽어도 혼은 죽지 않고 방황하고 있든가 다른 인간이나 동물에 옮겨붙든가 하는 고대로 부터의 영혼 신앙과 사자(死者) 공포가 연결되어 유령의 이야기가 성립되고 있다.

유령에는 산자를 지키는 것과 해를 가하거나 저승으로 데려가려는 게 있다. 사람은 전자의 수호를 받고자 하고 후자에 대해선 겁을 주든가 경계하든가 비위를 맞추든가 한다.

서양의 유령은 생전 그대로의 모습, 살해되었을 때의 모습, 투명한 환영 등의 모습으로 나타나고, 으스스한 음악이나 소리를 동반하는 일이 많다.

도깨비—요괴 따위를 말하는데 보통 도깨비라고 하면 머리에 뿔이 달렸다든가 달걀 또는 구술 따위로 변화되어 저절로 굴러다닌다든가 혹은 거대한 바위가 되어 쫓아온다고 한다. 그러나 도깨비는 유령(귀신)과는 엄연히 다른 것이다.

이상은 유령과 귀신에 대해 일반적인 생각인데 앞서의 과학적인 해명을 좀더 읽어주기 바란다.

그러니까 실제 우리들은 보통의 육체 감각을 사용하고 있을 때라도 정도는 낮지만 비슷한 '왜곡작용'이 일어나고 있는 것이다. 우리들은 잠재의식이 보아도 좋다고 '허가한'것만 보고 있고, 같은 광경을 보고 있는 타인에게 보이는 것을 전혀 헛보는 일이 흔히 있다. 이 점은 사고라든가 그밖의 사건에 관해 목격자의 증언을 취급해야 하는 경찰관이나 법률가들이 잘 알고 있는 일이다.

신비학자들의 주장에 의하면, 마음 속에 들어오는 투시적 인상이나 그밖의 심령적 인상을 우리들 체내에 있는 두가지의 다른 신경계통을 이용하는 모양이다.

그 하나의 통로는 아마도 '부수의적(不隨意的) 신경계'라고 일컫는 것이고, 또하나의 통로는 '뇌척추계'이다. 만일 그것들이 부수의적 신경계, 고대에선 '상아의 문'이라 일컬어진 것을 경유하여 온다고 하면 그것은 모호하고 종잡을 수 없는 것이 되고 말 것이다.

이미지 그 자체를 뚜렷이 떠올릴 수는 있어도 그것이 잠재의식에 전달하고자 하는 의미 내용을 뚜렷이 받아들일 수가 없기 때문이다. 또한 이런 유의 시각은 본인의 의지 지배아래 놓여져 있지 않은 경우가 대부분이다.

그래서 그것이 필요할 때에는 활동시킬 수가 없고 거꾸로 필요치 않을 때 문득 깬 의식 속에 침입한다는 사태가 자주 일어난다.

또하나는 수의적 신경계를 통해 들어오는 것이다. 그것은 심령가의 통제아래 놓여져 있다는 이점을 갖고 있으며 자유롭게 환기(喚起)시킬 수가 있다.

그런데 여기서 다만 '한쪽의'심령 능력만을 사용하는 일은 극히 드물다는 것을 말해두지 않으면 안된다

이 분야에 있어서 50년 이상에 걸친 실제 경험에서 배운 일은,

이른바 '자력(自力)'의 심령가라도 완전히 수의적 신경계를 쓴다는 일은 극히 드물다는 점이다. 말하자면 '자력'의 심령가도 '타력(他力)'의 심령가도 일종의 '양극 조절기구'에 의거하여 활동하고 있다는 사실이다.

왜냐하면 이 두가지의 신경계는 밀접하게 얽혀 있기 때문이다.

각설하고 여기서는 '투시'란 무엇인가 하는 본래의 설명으로 돌아가겠다. 우선 통상의 육체 시각의 연장에 지나지 않는 듯한 일종의 투시에 관해 먼저 설명하겠다.

만일 예의 세가지 면을 가진 유리막대=프리즈를 손에 잡고 그것에 백색의 광선을 통과시킨다고 하면, 그 백색광은 빨강부터 보라에 이르는 일곱가지 빛의 다발로 나눠진다.

이는 누구라도 알고 있는 일이리라. 우리들은 또 '빨강' 이라는 색의 파동(波動)아래 '적외선'이 또한 이 색채 스펙트럼인 보라색 가장자리 내지 그것을 넘은 곳에 '자외선'이나 'X선'이나 기타 다수의 광선이 존재함을 안다.

그런데 흰 배경에 이 7색의 광속(光速)을 비추고 대여섯 사람에게 흰 카드상에 광속의 경계선이 위치하고 있다며 그들이 생각하는 곳을 정확히 표시해 달라고 한다. 그러면 그 결과, 때로는 놀랄만큼 각인각양임을 안다.

그런데 이 실험이 나타나는 바에 의하면, 타인의 눈에는 보이지 않는 빛의 파동을 지각할 수 있는 사람이 확실하게 존재한다.

이것은 초육체적 차원에 속하는 것인데, 육체는 그것에 조응(照應)하는 가장 미세한 몸을 갖고 있는 일, 그리하여 이 미세한 몸은 육체가 그것을 본떠서 형성되는 거푸집(주형)인 것 등이 명백해졌다.

이 미세한 몸도 그 자신의 감각기관을 가졌으며, 그 감각기관은 이 '에테르체(ether)'가 형성되는 미세한 실체 세계의 온갖 상황을 지각할 수가 있는 것이다.

'에테르'라는 명칭을 사용하면 물리학자들로부터 크게 경멸되리라. 그들은 '에테르'라는 말을 그들만의 점유물로 간주하고 있으며 그러면서 물리학에 있어서의 최신 학설에선 생각컨대 '우주 공간의 에테르'란 것을 승인을 하지 않고 있는 것이다.

어쨌든 이런 에테르체를 통해 생기(生氣)의 힘이 육체 속에 들어가고 사고와 감정은 이 몸의 온갖 세포와 선(腺))과 신경을 통해 표현될 수 있는 것이다.

또한 이 미세한 몸의 감각기관은 깨어있는 의식과 연결할 수가 있고, 이런 결합을 할 수 있는 몇가지의 방법이 있음도 알려져 있는 것이다.

에테르체가 갖고 있는 시각은 'X선시각'이라고 불린다. 그것은 그 소유자가 물리적 물질을 꿰뚫어 볼 수가 있기 때문이다. 초기의 메즈메리즘에선 그것이 병의 의학적 진단을 위해 개발되었다.

에테르체 투시를 할 수 있는 사람은 어떤 경우 인간 육체의 내부를 투시하여 안에 있는 갖가지 기관의 활동을 자세히 관찰할 수 있기 때문이었다.

이런 류의 시각을 발현시킬 수 있는 기계가 고안되었다. 이런 기계를 사용하면 온갖 생물(生物)로부터 항상 방사되고 있는 어떤 유출물[오러(aura) : 영기]을 보게 된다.

이 이론에 의하면 훈련을 거듭하면, 망막 곧 눈이 스크린[그 스크린을 형성하고 있는 섬세한 신경 조직의 말단은 간체(稈體)내지 추체(錐體)라고 불린다]이 변화되고, 그것에 의해 눈은 가시적(可視的)인 색채 스펙트럼을 초월한 광선을 볼 수 있다.

이 방면에서 개척적 연구를 한 것이 런던의 성토머스 병원의 의료전자학자 W · J · 키르너였었다.

그는 이 연구를 〈인간의 오러〉라는 제목의 책으로 저술하여 출판했다. [오러와 그 현상에 대해선 나중에 설명하겠다]

에테르체 투시는 이상으로 대강을 말했으므로 별종의 투시에 대해서 말하겠다. 그것은 ① 심리적 투시 ② 공간적 투시 ③ 애스트럴 투시 ④ 참된 영적 투시로 나눌 수가 있다.

①심리적 투시

'나는 웬지 네가 싫다'고 우리는 흔히 말하고, '웬지는 나도 모르겠다'고 한다. 우리들로선 본능적으로 절로 좋아지는 사람이나 싫어지는 사람이 있기 마련이다. '그 이유는 왜냐?' 우리들로선 모르지만, 그것은 우리들이 잠재의식 심층부터 오는 느낌인 일이 흔히 있다. 그러나 이는 꼭 투시적 지각을 필요로 하는 것은 아니다.

이런 공감이나 반감은 전혀 순수한 심리적 설명이 가능하다.

그런데 우리들 생애의 태반에 걸쳐 갖가지의 방법으로 우리들에게 고통이나 치욕이나 공포를 체험시키는 인간은 존재한다. 한편 또 기쁨이나 행복이나 신뢰를 느끼게 하는 사람들도 있다. 우리들은 그와 같은 사람들이나 그들이 관계하는 사건을 완전히 잊어버리고 단념에 걸쳐 그들의 일을 조금도 개의치 않는다는 일이 또한 있다.

그러나 기억 그 자체는 상실되고 있지 않다. 그런 기억은 잠재의식의 심층에 갇혀있고, 시계(視界)의 밖에 있는데 불과하다.

나중에 이르러 우리들은 이전의 벗이나 적을 아주 닮은 생김의 얼굴이나 행동을 가진 사람과 만나는 일이 있지만, 그때 우리들은 그 인물을 의식적으로 생각해 내지는 않지만, 이 새로이 만난 인물이 어딘가 기억속에 있는 금선(琴線)을 울린다.

오랜 친구나 적에 관해 '지능적'으로는 생각나지 않지만 무언가 별개의 것, 이를테면 '감정적인 움직임', 일찍이 생긴 적이 있는 갖가지의 느낌이 별안간 되살아 나는 일이 있다.

그리하여 이 감정적인 부하(負荷)가 방금 만난 미지의 사람에게 '투사(投射)' 되고 그 결과 그 인물을 사실은 좋고 바람직한 사람일지도 모르건만 신뢰할 수 없는 나쁜 인물로 '느끼고' 마는 것이다.

이런 심리적인 투사는 극히 보통으로 행해진다. 여기선 개인적인 예를 든데 지나지 않지만, 이것은 우리들을 엄습하는 돌연한 '좋아함 '싫어함' 감정이 대부분을 설명해 주리라. 그러나 많은 경우 그것에 계속해서 일어나는 일에 의해 우리들의 본능은 완전히 옳았다는 것을 안다.

여기서 우리들은 투시를 논할 때 곧잘 간과(看過)한 점에 도달한다. 우리들은 투시라는 것을 단순한 환상이라고 생각하기 쉽지만, 전혀 다른 것이다.

이 심령 능력은 잠재의식을 통해 표면에 떠오르게 되면 단순한 시각 이미지 이상의 것을 동반하게 된다. 즉 이것을 둘러싸는 복합적인 심령적, 감정적 분위기, 바꾸어 말한다면 '정서'도 존재하며 우리들이 투시 능력을 행사할 때 깬 의식에 올라오는 것은 이런 시각적인 이미지와 감정적 느낌과 지능적 관념의 모든 것을 포함한 총체인 것이다.[이 점은 투시에서 '심벌'이 갖는 역할을 고찰할 때 다시 보기로 하자]

처음엔 이런 뒤섞음으로 감정적, 지능적 분위기가 단순한 시각적 이미지보다 선명하지만, 심령 능력이 개발됨에 따라 이미지는 차츰 뚜렷해진다.

그와 동시에 분위기는 점점 희미해진다. 이것을 더욱 추궁하면 시각적 이미지는 어느 정도 기묘한 '무형(無形)'의 직관적 깨달음에 길을 물려주는 것처럼 보인다.

이는 당연히 전혀 형체없는 지각이 된다.

이와같은 일이 투시 능력을 잠깨우는 과정에서 자동적으로 생기는 것은 아니다. 각각 단계가 다르지만, 하나의 예를 들면 알기쉽다.

우리들이 이른바 귀신집에 초청되었다고 하자. 그리하여 각각 다른 단계의 지각으로 일하는 세명의 투시가를 보는 것이다.

먼저 초보적인 투시가는 유령이 나오는 방에 앉아 있으면, 그는 여러 부분에서 인광(燐光)을 발하는 흐릿한 반점이며 그의 둘레를 고괴처럼 둘러싼 희미한 구름같은 것을 느끼게 되리라. 그리하여 이 방의 실내에 있는 매우 강력한 어떤 유의 감정적 흐름을 느낄 것이 틀림없다. 이런 흐름은 그의 마음 속에서 똑같은 느낌을, 울적하고 음산한 감정을 불러일으키리라.

이런 투시 능력이 강화됨에 따라 아마도 그는 반대켠의 의자에 앉아 멍하니 벽난로를 쳐다보는 나이 지긋한 남자가 흐릿하게 반짝이는 모습을 볼 수가 있으리라. 그러나 이 투시가로선 어두운 '분위기' 쪽이 그 사나이의 이미지보다 훨씬 뚜렷하게 느껴진다.

그러나 2류의 투시가라면 울적하고 음산한 분위기에 그다지 강하게 영향되지 않는다. 그는 오히려 그 사나이의 이미지를 좀더 자세히 차분하게 관찰할 수 있을 것이고, 지금 보고 있는 게 진짜 인간이 아닌 일찍이 이 집에 살고 이 방을 사용한 사나이의 각인(刻印)내지 '그림자'에 지나지 않음을 뚜렷이 알게 되리라.

심령적인 분위기 속에서 '그림자'가 각인된다는 것과 진짜 망령이 출현하는 것과의 사이에는 미묘한, 하지만 본질적인 차이가 있다. 이 차이를 표현하기란 어렵다.

지각된 현상 속에서 움싯거리는 생명력의 '질'에 관해서는 차츰 뚜렷이 알게 되는 것이다. 이 경우 2류의 투시가는 이런 현상 속에서 기묘한 비현실적인 느낌을 발견하리라.

한편 그가 만일 진짜 망령을 보고 있는 거라면 그 사내의 인격적 힘이나 개성을 느낄 것이 틀림없다. 이점에 관해선 투시에 있어서의 심벌과 관계가 있다.

또 1류의 투시가라면 이를테면 '계단을 뛰어올라'가리라. 그가 투시 능력을 사용하기 시작하면 우선 먼저 이 방에 짙게 떠도는 심령적 분위기를 깨달을 것이다.

다음으로 그의 지각 층계를 일보 일보 올라가 그의 두 동업자가 본 저 유령의 모습을 명백하게 볼 것이 틀림없다.

2류의 투시가도 마찬가지로 그는 이 모습이 한낱 '애스트럴 · 라이트에 있어서의 하나의 이미지'임을 알고 있다. 그는 그것을 이와같이 표현할 것이다.

그런데 그의 시각을 단계를 밟아 올라가면, 일순이나 이순의 동안 모습도 분위기도 함께 놓치고 만다. 그리하여 그의 마음 속에는, 만일 그렇게 말할 수 있다면 어떤 '한덩어리의 지식'이 생긴다.

그는 한점의 의심도 없이 음산하고 암울한 자살의 분위기가 어떻게 이 방에서 형성되었는가를 인식하고 동시에 그것이 비로소 만들어지고부터 이제까지 이 방이 이와 같은 힘으로 채워졌음을 알 것이 틀림없다.

그리하여 이윽고 그것을 멸각(滅却)하여, 이 장소를 정화시키고 다시 살 수 있게 하기 위해서는 어떠한 절차를 밟아야만 하는지 알게 된다.

② 공간과 시간의 투시

이것을 설명하기 위해선 미국의 '남북전쟁'까지 거슬러 올라갈 필요가 있다. 포크 장군은 놋쇠조각 하나를 만졌을 때 언제라도 캄캄한 어둠 속에서조차 기묘한 금속성 맛을 경험한다는 것을 알았다.

이것에 흥미를 가진 것이 로즈 · 베커넌이라는 박사이다. 그는 학생들에게 극약이 든 병을 들게 함으로써 실험을 했다.

그는 학생들 중에서 이와같은 병을 갖게 되면 문제의 약을 실제로 한방울 마시면 당연히 생기는 것과 같은 증상을 나타내기 시작하고 있다는 사실을 발견했다.

그의 연구는 다음에 덴톤 교수의 주의를 끌었다. 그는 누이동생인 앤 · 텐톤 · 클리지 부인의 도움을 얻어 갖가지의 실험을 했다.

그는 부인이 지질학의 표본을 이마에 대면 그 과거의 내력같은 것을 시각적 이미지로서 볼 수가 있음을 발견했다. 교수의 연구 결과는 〈사물의 넋〉이라는 제목의 책으로 발표되었다. 어떤 물건을 정신 집중의 중심에 둠으로서 그 과거를 읽는다는 이런 능력을 '사이코미트리'(Psychometry)[정신측정 · 신비학]라고 이름 지었던 것이다.

이 말은 '넋'과 '측정'을 의미하는 두개의 희랍어로 만들어졌다.

탠톤의 시대이후 현대의 심리학자는 사이코미트리를 이것과는 전혀 다른 의미로서 사용하고 있다. 그리하여 웃기는 이야기지만 그들은 심령학자나 그 동조자가 이 말을 본래 이해되고 있는 대조의 의미로서 사용하는 것을 툴툴거리고 있다.

가장 단적인 의미로서 사이코미트리란 실인즉 시간에 있어서의 투시이고, 다만 출발점이나 참고으로서 어떤 물건을 사용하는데 불과하다.

실제로는 그 물건이 없어도 행사할 수 있는 것이다. 그러나 물건에 정신을 집중하는 일은 그 투시 능력이 어떤 선택된 한계 내에서 활동하게끔 도움은 된다.

자기에게 아무런 심령적 능력이 없어도 오랜 가구나 골동품을 만졌을 때 마음 속에 희미한 영상이나 감정이 일어남을 아는 사람이 있다. 이 희미한 투시적 지각은 일반적으로 생각되는 것보다 훨씬 빈번하게 일어나고 있는 것이다.

이것을 이해하자면 일종의 우주적인 화랑(畫廊)을 생각하면 좋을 것이다. 그것은 세계에서 이제껏 일어난 온갖 사건의 살아있는 기록 영화같은 것이다.

예로부터 그것은 '애니머 · 문디' 곧 '세계의 넋'이라고 불리웠다. 동양에선 '아카셔의 기록'이라고 이름지어져 있다. 고대 이집트에선 사자(死者)의 영혼이 사후 재판을 받을 때 낭독되는 것으로 되어 있는 이 기록은, 불멸의 기록이라고 여겨졌다.

기독교의 성경 중에도 요한 계시록에선 책이 펼쳐지고 영혼은 그 책에 의해 심판을 받는다고 되어 있다.

그건 그렇고 아직 일어나고는 있지 않지만, 때로는 투시가가 지각하는 사물에 대해서는 어떨까?

이와 같은 선견지명이 있을 수 있음을 의심할 데 없이 확실하다. 시간에 있어서의 투시의 이 국면이야말로 이 주제가 제공할 수 있는 가장 매력적인 것이었다.

유사 이래의 모든 역사는 이런 선견 능력이 온갖 문화 속에서 갖가지의 방법으로 추구된 사실을 나타내고 있다.

이 능력을 활동시키는 방법중 어떤 것은 선용(善用)되었지만 전혀 악용된 적도 있다. 투시력을 개발한 사람에게 있어 이 선견지명은 아주 큰 매력임과 동시에 매우 큰 위험이기도 하다. 미래를 예언할 수 있는 일은 경탄할 만한 것으로 여겨지고 있었으므로 젊은 심령가는 장래에 무엇이 일어나려 하고 있는지 조금이라도 알려는 사람들로부터 상담을 받는 사이, 어떤 불손한 감정에 사로잡혀 그것에 발목을 잡히는 일이 있다.

여기에 위험이 있는 것이다. 더욱이 이중의 위험이다. 먼저 교만한 감정이 높아져 그를 예사롭지 않는 자기 중심중에 빠뜨릴만큼 커지는 일이고, 다음은 이런 능력을 아무래도 혹사하게 되어 이윽고 그 능력이 고갈되어 문득 깨달았을 때 전혀 믿을 수 없는 엉터리가 되는 것이다.

③ 애스트럴체 투시

이 말이 의미하는 것은 전혀 육체를 갖지 않는 살아있는 정령들을 생생히 지각하는 것을 말한다. 인도에 있어서의 '태바스' 곧 '찬란한 것', 켈트의 전통으로선 '대왕', 폴리네시아의 신앙으로선 물의 정(精), 나무의 정, 산의 정 또는 요정이니 하는 것은 모두 에테르적 · 애스트럴적 세계에 살고 있으며 그곳에 존재한다.

투시력을 몸에 지님에 따라 이런 실재(實在)중 어떤 것이 실제로 보이게 되는 것이다. 하지만 투시 활동의 이 분야에서말로 최대의 주의를 기울이지 않으면 안된다. 왜냐하면 그때 다종다양의 살아있는 정령들과 의식적으로 접촉하게 되는 것인데, 그들 전부가 반드시 우호적은 아니기 때문이다.

또한 당신은 그들의 '마력'에 저항할 힘을 몸에 지니고 있지 않으면 안 되리라. 만일 이것에 저항하는 훈련을 쌓고 있지 않는다면 이런 정령들의 무언지가 마력을 발휘하여 당신을 압도할 것이다.

④ 영적 투시

영시를 말하기 앞서 '영적'이라는 말에 고찰을 가할 필요가 있다. 영'이라는 일반적 관념은 그것이 실재한다는 관념이 받아들여지고 있는 곳에선 완전히 '물질'과 대립되며, 뚜렷이 그로부터 구별된 존재의 한 양상을 말한다.

이때 물질이나 특히 질료적(質料的) 세계의 물질 또는 우리들이 그 세계로서 사용하는 육체를 구성하는 물질을 의미한다.

그런데 '영'과 '물질'이 전체적으로 또한 완전히 대립한다는 사고방식은 기독교 세계에서 초기인 무렵부터 여러가지의 형태로 숨어들어온 교의(教義)로서 지금껏 그것은 꼬리를 끌고 있다.

일찌기 그것은 이른바 '마니교적 이단'으로써 초기 기독교회 안에선 적극적으로 받아들여졌다.

이 독특한 교의의 창시자는 마니라는 이름의 교조이지만, 그는 초회에 가서 페르시아의 조로마스터교의 마고스의 손에 의해 살해되고 말았다.

그 뒤의 서양 역사에선 16, 17세기의 종교 세계를 뒤흔든 청교도의 신조로써 이것이 다시 나타난다.

그런데 만일 물질이 절대로 악이고 영원히 정신과 대립하는 것이라고 하면, 종교적 인간이 할 수 있는 최선의 방법은 물질에 등을 돌리고 오로지 영이 갖는 힘에 정신을 집중시키는 일이다. 다시 말하면 그가 몸에 지니고 있는 육체의 온갖 생득적(生得的) 본능을 거절하고 포기해야만 된다.

그는 이 육체를 '천한 것'으로 간주하는 것이다. 그러나 기독교 세계에는 그 밖에도 안에도 늘 이와 같은 좁고 도착(倒錯)된 인생관을 가진 사람들이 존재하고 있었다.

그들의 거절감은 때로는 지나쳤고 또한 그 반동으로써 그들이 제출한 극단하게 느슨한 사고방식은 너무 엄격한 사고방식과 마찬가지로 나쁜 결과를 낳았다.

그런데 우리들이 충성 · 정절 · 진지 · 전신전령을 바치고 있는 교의 체계중에선 이런 양극단의 사이에서 중도를 택한다.

우리들의 믿는 바로서는 온갖 '물질적 존재'는 '영적 존재'와 마찬가지로 선이고 '성스런 것'인 것이다. 영과 물질의 사이에는 영국적인 적대 관계를 전혀 없다. 양자는 함께 현현(顯現)하는 실재의 두가지 극으로서, 영적 원리와 물질적 원리를 균형있게 사용하는 것에 사태의 진행하는 길이 있다. 그렇다면 참된 영성이란 물질적 세계와 그 활동을 일체 거절하는 것은 아니다. 놀랄만한 본능과 기구를 모두 갖추고 있는 이 물질적 육체를 억압하고 유린하는 일은 아닌 것이다.

또 자기 멋대로 생각한 '영성 개발'에 오로지 정신 집중을 하고 동료인 사람들에 대한 명백한 온갖 의무를 게을리하는 것 등을 의미하는 것도 아니다.

사람은 물론 전혀 자기만으로서 고립하여 사는 일 따위는 할 수 없다. '어떠한 인간도 고도는 아니기'때문이다. 그러나 사람과 사귀는데도 한도를 마련하고 우주에 충만하는 생명력을 주는 에네르기를 한방울이라도 낭비하지 않는 듯한 태도가 좋다. 이런 에네르기야말로 인간이 건전하게 사는데 있어 빼놓을 수가 없는 것이기 때문이다.

대체 이런 일이 투시력의 개발에 무슨 관계가 있느냐고 묻는 사람이 있을지도 모른다. 물론 마음에 하등 종교적 내지 도덕적 신조를 갖지 않더라도 투시력은 개발할 수가 있다. 심령 능력은 도덕적, 윤리적 법칙과 아무런 관계가 없기 때문이다.

누구라도 이와 같은 능력은 갖고 있다. 그러나 그것들이 잠재의식부터 출현하는 데 얼마만큼 가까이 있는가 하는 것과는 별문제이다.

어떤 사람에게 있어선 그 능력은 표면 가까이에 있고 또 다른 사람에게 있어선 매우 깊게 감추어져 있다.

그것을 깬 의식 속에 발현시키는데 필요한 시간이 있다면, 좀더 효과적인 분야에서 노력을 기울이면 좋으련만 하고 생각되는 사람들도 있다.

여기선 어떤 비유가 도움이 되리라. 두명의 인물에 대해 예를 들자. 한사람은 태어나면서 넘칠듯한 음악적 재능을 가졌고, 또하나는 분명히 음악적 재능이란 전혀 없다. 최초의 경우 비교적 짧은 음악적 수련을 쌓으면, 그는 훌륭한 음악가임을 알게 되리라. 그러나 또 한사내는 20년간 훈련을 계속했다 하여도 아마 여전히 음악적 재능은 나타나지 않으리라. 그가 이 헛된 노력에 소비한 시간은 좀더 다른 좋은 목적으로 사용할 수도 있었을게 틀림없다.

투시 능력에 관해서도 같은 말을 할 수가 있다. 그것은 생득적(生得的)재능인 것이다.

만일 우리들이 이것을 너무 강조했다고 생각된다면, 그것이 이 능력이 '신들로부터 주어진 천부의 재능'이라는 잘못된 생각이 퍼져 있고, 우리들이 '심령적 천재'에 관해 이야기할 때에 여전히 이런 잘못에 빠져 있기 때문이다.

성바울의 '그리스도의 개종자에의 편지'의 일부에는 잘못된 번역이 있다.

그곳엔 '성령의 천부'라는 역어가 사용되고 있지만 '심령적 천분' 이라고 번역하는 편이 훨씬 좋다. 성바울도 이같은 영능을 '성령' 의 힘아래서 현현된다고 생각했던 모양이다.

심령의 기술

투시 능력은 전혀 자연의 능력으로서 도덕적, 윤리적 내지는 종교적 교외와는 하등 관계가 없다.

물질에 관계있는 심리현상을 심령과학에선 '심령의 물리현상'이라고 한다. 이는 심령의 정신 현상이 특수한 영적 능력자 이외로선 인지될 수 없는데 대해 누구라도 견문할 수 있고 사진으로도 촬영할 수 있는 것으로서 '심령의 객관적 현상'이라고 불린다.

심령이 물리현상으로선 엑터플래즘(ectoplasm)[심령체 : 유체]을 사용하여 소리나 목소리를 내는 랩(ap)이나 물건을 움직이는 물품부양(浮揚), 물품이동, 영력이 작용되어 그림이나 문자를 쓰는 오토매틱 · 라이팅(자동서기), 심령사진, 염사(念寫) 등이 포함된다.

① 랍 : 가벼운 것은 가벼운 막대로 두들기는듯한 소리가 나고 무거운 것은 폭탄이 파열되는 듯한 큰 소리가 난다. 또한 벨이 울리든가 컵이 부딪치든가 하는 일도 있다. 보통 인체로부터 나오는 일종의 에네르기와 영매의 심령 작용에 의해 행해지는 것이다.

② 심령사진 : 이것엔 카메라를 사용하여 찍는 것과 단지 암실에서 필름을 영매의 손에 들려 찍는 것이 있다.

흔히 망자의 초상이 역력히 필름에 나타나지만, 사후의 생활, 영혼의 존재를 증명하는 가장 정확한 방법으로 생각된다. 뛰어난 영매는 자기 육체로부터의 방물로서 영혼의 희박한 유체를 보충하기 때문에 그 효과가 매우 양호하다. 또한 이 방법으로서 원 거리에 있는 생자의 사진도 찍는다.

③ 공중부양 : 이런 현상의 가장 정밀한 실험은 1951년부터 그 이듬해에 걸쳐 실시되고 있으며, 테이블을 바닥부터 최고 4피이드(121.5cm)까지 부양시켰다. 또한 자기 자신의 몸을 지상 3~4피트쯤까지 올릴 수도 있다.

④ 물품이동 : 어퍼트(appot)현상이라고 불리는 이 물품 이동은 먼 곳에 있는 반지·돌·꽃·새·짐승·고기 등을 실험실 내로 끌어당기는 현상으로 영매를 돕는 눈에 보이지 않는 것의 활동이다.

이 끌어당겨지는 물품은 어느 정도 분해되어 끌어당겨지고, 실험실내에 도달했을 때에 다시 원형으로 모아진다. 새나 짐승은 특별히 괴로워 하는 빛도 없고 다만 얼마쯤 기절할 뿐이다.

⑤ 자동서기 : 이는 오토매틱 라이팅이라고 불리는 것으로서, 본인의 의지와는 전혀 무관계로 그 사람이 보이지 않는 힘에 의해 문장이든 그림이든 소설이든 멋지게 써내는 현상이다.

모든 기초가 되는 투시력은 개발 초기 온갖 종류의 조력(助力)에 의존한다. 그러나 진전됨에 따라 그러한 대부분은 없어도 된다는 것을 알게 되는 것이다.

우리들의 의식은 각성의식, 잠재의식, 초월의식의 세가지로 분류된다. 잠재의식을 다시 두개의 양국(兩局)으로 나눌 수도 있다. 그것은 잠재의식의 '개인적인 국면'과 좀더 훨씬 깊고 좀더 광범위하게 걸친 층이고, 우리들이 이 지상에 살고 있는 한 온갖 감각적 생활은 그곳에 뿌리박고 있는 것이다.

이런 보다 깊은 층을 위대한 심리학자 C·G·융박사와 그 신봉자들은 '집합적 무의식'이라고 이름짓는다.

이런 마음의 두가지 국면을 고찰하면, 우선 먼저 심령적 능력의 개발은 통상의 깬 의식과 개인적 무의식 사이에서 어떤 연결을 형성하는 일이 중요하다는 것을 알 수 있으리라.

인간의 의식이 발전해 온 조건의 덕분으로 이 두가지 국면 사이에는 일종의 장벽 내지 구분이 있고, 심령 능력의 개발에 의해 형성되는 이 연관은 이 장벽을 돌파해야 한다.

내적, 투시적 지각의 결과가 각성의식의 위까지 올라오게끔 하기 위해서이다.

그러한 결과는 갖가지의 길을 지나 생겨난다. 뚜렷한 것은 말할 수 없지만 옛날부터 전승해 온 지각에는 항상 '하나의' 심령적 감각밖에 없다고 생각한다.

우리들의 5각이 모두 '촉각'이라는 기본적 육체감각의 변양(變樣)에 지나지 않는 것처럼 투시·투청·투각 등과 같은 심령능력을 하나의 기본적인 심령적 지각의 변형이고 표현에 지나지 않는 것이다.

그렇다면 투시력 개발에 성공하느냐 여부는 심령적 지각을 통해 마음속에서 시각상(視覺像)을 형성할 수 있느냐 여부에 달려 있다.

만일 투청을 발현시키려 한다면 이런 지각을 통해 주관적이나 음성이나 언어를 형성하는데 힘쓰지 않으면 안되리라.

투시가가 되기 위한 괴로운 수행의 대부분은 만일 당신이 태어나면서 '영시 능력'을 갖고 있거나 아니면 영시하는 일, 즉 마음속에서 명백한 이미지를 수립하는 훈련을 이미 쌓고 있는 경우에는 생략되는 것이다.

영시(靈視)

심령의 정신현상이란 '영능력이 있는 사람만이 감지할 수 있는 현상'의 총칭으로서 그 사람의 능력의 강약 등에 의해 감지되는 사항에도 다소의 차이가 있다.

심령의 정신 현상은 주관적 심령현상이라고도 한다.

① 영안(靈眼) : 필요한 수행을 한 영매가 정신통일 상태에 있어

영혼과 접촉하든가 영계의 실상을 엿보든가 물체를 투시하든가 공간을 빠져나가 먼곳의 물체를 확인하든가 하는 현상이다.

② 영언(靈言) : 육체 이외의 어떤 힘이 발성기관을 사용하는 현상인데 전혀 본인의 의지와 동떨어진 것을 말하고, 그 음성도 어느 정도까지 본인의 평생과는 다르다. 즉 영계에서만 통용하는 언어이다.

③ 역향인지(逆向認知) : 물체 위에 새겨진 과거의 것을 식별하는 능력이다. 이를테면 어떤 사람이 소유했던 반지 · 시계 · 도검 · 의복 등에는 그 사람의 그때 그때의 감정이 붙어 있고 '역향인지'의 능력자는 과거 수십 년, 수백 년의 옛날 것도 명확히 인지한다.

④ 영감(靈感) : 이것은 상대의 생각하는 것을 감지하는 능력이다. 이 능력은 살아있는 자끼리 또한 산자와 영혼과의 사이에도 사용된다.

⑤ 심령치료 : 이 방법은 여러가지가 있다. 그 하나는 영시력에 의해 병의 개소를 발견하고 적당한 처치를 실시한다. 또하나는 능력자가 갖는 영파를 이용하여 직접 치료를 하는 것. 세번째는 의사의 영이 작용하여 수술을 하는 것. 네번째는 기도, 단식에 의한 정신요법을 들 수 있다.

심령과학이 취급하는 범위는 거의 무한이라고 해도 과언이 아니리라. 현재 영혼에 관해 심령과학 연구가들이 거의 일치하여 인정하는 점은 다음의 10항목으로 집약할 수가 있다.

1. 육체의 사후 인간은 영혼으로써 계속 생존하고 의식적 활동을 계속할 수 있다.

2. 인간의 영혼은 희박한 일종의 유체(심령체)를 갖추고 대체로 생전의 형태를 유지한다.

3. 위의 유체는 일종의 실질과 일정한 무게를 갖고 있으며, 적절한 방법을 강구하면 이를 목격할 수도 있고, 또한 사진으로 찍을 수도 있다.

4. 영혼은 생시에 있어 육체의 내부에 존재하는 하나의 유기체로서 뇌수 · 신경 · 혈관 · 심장 등을 갖고 있다.

5. 육체의 사후에 있어 영혼의 거주하는 세계는 지구를 둘러싼 몇 층인가로 나눠진 영계이다.

6. 영혼과 인간과의 사이에서 갖가지의 방법으로 콤뮤니케이션을 가진 수가 있다.

7. 인간은 생시에 있어 어느 정도까지 그 육체를 떠나 영계의 탐험을 할 수가 있다.

8. 물질적 세계와 영혼의 세계와는 밀접한 유기적 관계를 갖고 있으며 엄밀한 인과율에 의해 묶여 있다.

9. 물질과 혼은 일반적으로 생각되듯이 근본적으로 다른 것은 아니고 오히려 동일한 근원부터 출발하고 있는 것이다.

10. 심령 작용은 인간의 육체 및 기타의 물질상에 놀랄만한 힘을 발휘할 수가 있다.

이상 불교적 색채가 짙기는 하지만 전혀 엉뚱한 것만은 아니다. 심령 연구는 세계적인 경향으로서 소련만 해도 심령연구가 왕성했었다. 아무튼 '영혼은 확실히 존재하고 물리적으로 증명할 수 있다'고 독일의 어떤 과학자 그룹은 단정적으로 말한다. 그것은 의사, 심리학자 등 7명으로 형성된 과학자 그룹으로서 아메리카, 영국 등의 초심리학과 심령과학을 연구한 사람들이다. 그들은 또 영혼엔 일정한 중량이 있고, 그 무게는 35g이라고 발표했다.

이 그룹은 1966년 가을 거액을 투자해 현대과학으로서 생각할 수 있는 최고의 '영혼 측량'의 설비를 만들었다. 그리하여 약 백 명의 망자 측정을 실시했다.

이 과학자 그룹은 정밀한 측정 설비를 사용하여 조사한 결과 인간이 사망할 경우 그 신체로부터 빠져나가는 수분이나 가스 등 모두를 합계해도 아무래도 모자라는 무게가 35g이라는 것을 명확히 했다.

그들은 이것이 엑터플라즘, 즉 영혼이라 불리는 것으로서 이 엑터플라즘은 육체의 죽음과 함께 그 육체로부터 대지속에 빠져나가고 평소는 무입자화(無粒子化)된 상태로서 대기중에 있으며 때로는 현실의 모습이 되는 것이고 이것이 이른바 영혼이라고 지적한다.

도깨비와 귀신은 전혀 다른 것

앞에서 나온 대백과사전에 의하면 유령(귀신)은 사람은 사후, 영혼이 생전의 모습으로 이세상에 출현하는 것이고, 도깨비는 요괴로서 구분되고 있다. 이런 구별은 민속학적인 분류이다. 하지만 나는 그와같은 형태로선 구분하지 않는다. 나는 다음과 같이 생각한다.

우선 특정의 장소밖에 출현하지 않는 영체, 즉 요괴인데 그것은 심령학에서 말하는 지박령(地縛靈)이다.

즉 어떤 사람이 죽었다. 혹은 살해된 장소에 출현하는 영혼이다. 이를테면 흔히 일컫는 도깨비집이 그 전형적인 것이라고 할 수 있으

리라.

나는 중국에 있을 때 도깨비 집에서 지금 생각하면 몸서리가 처지는 무서운 체험을 한 일이 있다.

중국의 천진(天津)에서 조금 떨어진 곳에 북대하(北載河)라는 피서지가 있다. 그 도깨비집은 북대하의 중심지로부터 동으로 2km쯤 간, 눈아래 바다를 굽어보는 고지대의 숲속에 있었다. 그 건물은 완전히 중국식의 것으로서 어둠속에 호젓하니 으스스한 모습을 떠올리고 있었다.

나는 3명의 중국인과 함께 열어젖혀진 문을 지나 저택에 들어갔다. 방은 전부 해서 아홉 개나 있었다. 벽이나 천정은 무너졌고 황폐할대로 버려진 20년대의 무인 저택이었다.

중국인들은 회중 전등을 비추면서 돌아가자, 돌아가자 하며 조르기 시작했다.

나도 발이 떨리고 웬지 온몸이 오싹한 것이 도망치고 싶은 심정으로 가득했다.

나의 팔뚝 시계의 야광침이 9시 반을 조금 지났을 때이다.

우직끈 하는 기분 나쁜 소리[심령과학에서 말하는 랩소리]가 난 순간, 우리들은 마치 얼어붙은 것처럼 우뚝 서버렸다.

눈앞에 마치 바닥에서 솟아난 것처럼 젊은 여성의 영, 즉 귀신이 모습을 나타낸 것이다.

왼 어깨로부터 불룩한 가슴에 걸쳐 커다란 칼자국이 있고, 하복부가 몇군데 도려내진 보기에도 무참한 모습이다.

여자는 우리들을 말끄러미 쳐다보고 있었는데 이윽고 연기처럼 그 모습이 사라졌다. 나는 이렇듯 무참한 모습의 여자의 영을 본 것은 처음이었다.

"저 여자는 이 저택에서 일본군 장군에게 강간되려고 했을 때 저항하여 죽임을 당했다고 하오."

이튿날 중국인 한사람이 고장 사람으로부터 귀신의 정체를 듣고 전해 주었다.

그날 낮에 나는 꽃을 사가지고 도깨비집을 찾아가서 젊은 여성이 사라진 바닥 위에 그것을 놓아 주었다.

이런 형태로 그 장소[토지, 건물 등]에 빙의[영 등이 들러붙는 것]한 채의 '지박령'을 나는 요괴라고 생각한다.

다음은 장소에 한정되지 않고 나타나는 즉 귀신인데 이는 심령과학에서 말하는 '부유령'(浮遊靈)이다.

이런 부유령의 경우는 장소에 관계없이 그것을 본 사람과 관계가 있다. 즉 그것을 본 사람과 유령과의 '영파'[인간에겐 모두 이 전파가 있다]가 일치되었을 때 볼 수 있는 것이다.

겸해서 말이지만 요괴는 단순한 픽션이라 생각해도 좋다.

4회나 유령을 본 것은 영파의 일치때문

가나가와껭(神奈川縣) 자마(座間)에 사는 회사원 시로이 히로시(白井活)씨는 나에게 다음과 같은 체험을 알려 왔다.

시로이씨는 어떤 회사 사무실의 이층에 살고 있었다. 그 이층에 올라가는 계단인 곳, 즉 계단함의 안쪽이 벽장처럼 되어 있고, 미닫이 문이 닫혀 있었다.

그 안이 커다란 불단으로 되어 있고, 젊고 아름다운 미인의 사진이 모셔져 있다는 말을 시로이씨는 듣고 있었다. 그러나 그는 그 미닫이 문을 열어 본 일이 없었다.

언젠가 시로이씨는 이웃 사람부터 그 사진의 여성이 지금은 사무실로 되어 있는 이전의 집 사모님으로, 농약 자살을 하고 있음을 들었다.

아무런 일도 없이 두 달쯤 지난 어느 날의 일이다. 시로이씨는 회사의 일로 도쿄에 갔었다. 그리하여 '야마노떼 선'(순환전철)의 전동차를 타고 '아키바하라'(葉原)에서 내린 순간 그는 오싹했다.

눈앞에 전혀 핏기가 없는 키모노 차림의 여성이 섰고, 그를 말끄러미 보고 있는 게 아닌가.

그는 그 여성을 비키듯이 하며 홈을 걷기 시작했지만, 이상한 일로 그 여성의 모습을 아무리 비키고자 하여도 그의 앞부터 물러나지 않았다. 그러는 사이 그 여성은 사람의 왕래도 드믄 홈에서 연기처럼 사라져 보이지 않게 되었다.

시로이씨는 너무나도 이상한 일에 놀라고 제정신이 아니었다.

그리고 이튿날도 그는 도쿄의 한 복판에서 그 으스스해서 기분나쁜 여성의 모습을 네 번이나 목격했다. 여성은 언제나 시로이씨를 말끄러미 쳐다보고 있다가 이윽고 모습을 감추었다.

3일 뒤 시로이씨는 일을 마치고 자마의 사무실로 돌아왔지만, 사무실에 들어가자마자 때마침 열려 있는 미닫이 문 안의 불단을 보고서 그만 떨어버렸다.

놀랍게도 그 안에 있는 여성의 사진과 시로이씨가 도쿄에서 본 여성이 입은 키모노의 문양까지 똑같았던 것이다.

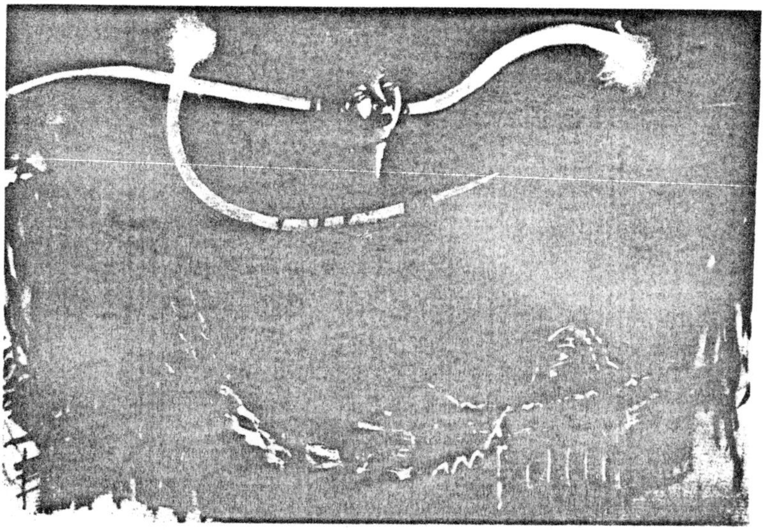

이런 시모이씨의 체험은 명백히 부유령의 목격이다. 시로이씨와 농약자살을 한 여성의 영파(靈波)가 완전히 일치되고 있었던 것이었다.

이렇듯 영파가 일치함으로써 유령을 목격했다는 실례는 수없이 많다. 택시 운전수가 자기와는 전혀 무관계인 영을 태우는 일이며 산이나 바다에 가서 우연히 유령을 본다는 일이 이것에 해당된다.

유체의 종류는 대체로 세가지

도깨비, 유령에는 크게 나누어 다음의 3종류가 있다.

① 물질화 되어, 즉 사람의 모습이 되어 보이는 것.

② 느낌만의 것

③ 소리만 들리는 것

즉 무시무시한 모습을 보며 사람들을 깜짝 놀라게 하는 것이 가장 많고 유령을 보았다는 사람들의 체험중 대부분은 이것이다.

그러나 사람들이 느낄 뿐의 것, 소리만 들리는 것도 상당히 체험하고 있는 것인데 대부분의 사람은 '환각' · '환청'으로써 그것을 심령현상으로는 생각지 않는 것 같다.

당신은 아무것도 보이지 않지만 웬지 오싹하는 듯한 느낌을 받은 일이 없는가?

당신은 그곳에서, 그런 소리가 일어날 것 같지 않는 장소에서 무언가 이상한 소리가 나는 것을 들은 일이 없는가?

나는 그 모두가 심령현상이라고는 말하지 않지만, 그 중의 몇가지는 틀림없이 심령현상이라고 생각한다.

그와 같은 체험을 한 사람들이 그런 현상을 해명하고자 생각해 주는 일이 심령현상의 수수께끼를 푸는 최대의 열쇠가 되리라.

내자신 이제까지 완전히 사람의 모습으로 물질화 된 유령을 16회나 보고 있지만, 흔히 옛날부터 일컫듯, 발이 없고[한국의 귀신은

발이 없는게 많음] 두 손을 앞으로 축 늘어뜨린 듯한 것은 한번도 본 적이 없다. 모두 사람의 모습과 전혀 같으며 죽음 직전의 모습 그대로이다.

'영혼'이란 무엇인가?

'유령'이란 무엇인가?

이 문제에 관해 사람들의 관심은 매우 크다. 그 원인은 크든작든 영적인 체험을 하고 있기 때문이다.

그런데 심령 형상만큼 이용하기에 따라선 악용되기 쉬운 것은 없다. 뚜렷이 눈엔 보이지 않는 것이고 그 사람의 마음에만 느끼는 게 많기 때문에 일부의 몰상식한 사람들이 이 미래과학이라고 할 아주 큰 과제를, 과학하려는게 아니고 사리사욕에 이용하는 경향이 있다.

그때문에 심령과학에 대해 '엉터리'·'미신'·'비과학'과 같은 레테르가 붙여져 있다. 그러나 현대과학의 힘을 갖고서도 아직 그 수수께끼가 해명되지 않은 심령현상을 비과학이라고 한마디로 무시해도 좋은 것일까?

수수께끼이고 불명이기에 그것을 해명해야 하는 것이다.

나는 자기 자신의 체험만으로 영혼의 존재를 무조건 인정할 생각은 없으며, 인정하여 좋다고도 생각지 않는다. 현재는 '가능적'으로써 가설을 세우고 연구하는데 불과하다.

심령현상과 대뇌심리학

현재 세계의 순수 과학자가 영혼에 관해 어떤 견해를 갖고 있는지 그 몇 가지를 소개해 보자.

저 유명한 대발명가 에디슨은 지금부터 70여년 전 미국의 잡지 〈사이엔티픽 · 아메리칸〉지의 기자에게,

"나는 별세한 인격이 사용할 수 있는 일종의 기계를 이전부터 생각하고 있다. 그러나 나는 우리들의 인격이 타계에 이주하는 것을 주장하는 자는 아니다. 이 점에 관해서 나는 아무것도 확실히 알고 있지 않으므로 아무것도 주장하지 않는다. 다만 타계에도 만일 인격이 있고 더욱이 그 어떤 것이 현재의 우리들과의 접촉을 희망한다고 가정하면, 그때 그들이 사용할 수 있는 일종의 교묘한 기계를 만들 가능성을 주장할 뿐이다."

하며 심령세계 존재에의 강한 호기심과 상당한 수준의 가능성을 전제로 한 발언을 하고 있다. 하기야 그것을 표면상 어디까지나 발명가로서의 의욕을 말했을 뿐이라는 형식을 취하고 있지만.

현대 미국의 많은 과학자는 영혼 부정의 논거를 들고 있다.

"인간은 죽어버리면 물질로서 이루어져 있는 육체는 원소로 되돌아가고 만다. 그럼에도 불구하고 영혼만이 남는다고 하면 영혼 곧 마음은 육체와는 따로 독립하여 존재하는 것이 된다.

그런데 대뇌 생리학에 의하면 마음은 대뇌의 활동에 의해 생기는 것으로 되어 있고, 마음의 활동으로서 가장 중요한 '기억'은 대뇌의

측두엽(側頭葉)중의 RNA(리보핵산)라는 물질과 관계가 있는 모양이다. 이러고 보면 마음은 신체 기능의 일부로서 죽은 뒤에도 마음—영혼이 살아남는다는 것은 넨센스이다."

현재의 과학으로선 아직도 대뇌의 활동은 전부 해명된 셈은 아니므로, 이런 사고방식으로 모든 것을 규정짓기란 찬동할 수 없다. 다만 일부의 과학자들이 이런 견해에 찬동하고 있음은 분명하다.

소련 레닌그라드의 뇌생리학자 리빈스키 박사는,

"인간의 뇌에 흐르는 혈액의 양은 전신 유혈량의 20%이고 산소의 소비량도 전체의 20%이다. 그러므로 만일 이것들을 뇌에 보내는 기능이 정지했을 경우, 뇌활동은 정지되고 의식은 없어진다. 그렇게 되면 마음의 활동도 중지된다. 마음은 뇌에 의해 움직여지고 있는 것으로서 따로 존재하는 것은 아니다."

라고 영혼의 존재를 부정한다.

또 프랑스의 이학박사 보레인씨는 '인혼(人魂 : 인간이 사망할 때 불덩어리처럼 혹은 가스체처럼 생기는 현상)이 심령현상의 하나라는 사고방식을 일소에 붙이고 다음과 같이 말한다.

"나의 실험에 의하면 인혼의 정체는 메탄 가스이다. 매탄 가스는 공기중에 5%부터 15%가 섞이면 불타기 쉬워지지만, 이때의 중량은 공기보다 조금 가볍다. 마침 공기중에 떠돌기 쉬운 조건을 갖고 있다.

매탄 가스의 점화 온도는 70도이므로 화롯불의 남은 불씨로 발화한다. 그것은 인혼[도깨비불]이니 하는 비과학적인 것이 아니고 메탄 가스의 발화물체이다."

독일 프랭크푸르트의 의학박사 케문너씨는,

"나는 8천 명의 사체에 관해 검사했지만, 인간은 죽게 되면 물질이 소멸되며 아무것도 남지 않음을 확인했다. 나는 사기(死期)가 가까와진 사람을 백만분의 1의 진동을 기록할 수 있는 특별 용기에 넣고 죽음의 직전, 직후 신체로부터 빠져나가는 '영혼'이란 것을 조사했지만, 직후에 발생한 체내 가스 이외는 아무것도 검출할 수 없었다."

고 하며 역시 영혼의 존재를 부정했다.

세계의 순수과학에 종사하는 과학자들은 심령에 의해 모두 핏대를 올려가면서 부정적인 입장을 취하고 있다. 하지만 이와 같은 부정의 입장은 그리 오래 계속되는 것은 아니라고 생각한다. 지금부터 불과 10여 년 전까지 최면술에 대해 과학자는 부정적인 태도를 취하고 우리들은 텔레비젼 등에서 다루는 것을 보았다.

그런데 현재는 어떤까? 최면술은 의학분야에서 당당히 채택되고 있으며 이를 '눈속임'이라고 부정하는 사람은 없다.

얼마전 나는 모대학의 자연과학자와 대담했지만, 그 과학자를 공개적으로는 말할 수 없지만, 하고 전제하고서 심령현상과 영혼을 긍정하고 '내개인으로선 그 존재를 믿는다'고 말했다.

나는 이 과학자와 비슷한 입장을 취하고 있는 과학자를 10여 명 알고 있다. 그들은 왜 그러한 입장을 취하지 않을 수 없는 것일까? 그 최대 원인은 현대과학을 맹신하는 섹트가 과학계에서 강력한 세력을 갖고 있기 때문이 아닌가 생각된다.

나는 과학자가 그와 같은 섹트(학파)적인 입장을 버리고서 진심으로 이 미래과학——영혼을 과학해 줄 것을 희망해 마지 않는다.

심령과학의 미래

이렇듯 과학자로부터 부정되는 영혼을 혹은 심령현상을 과학적으로 조금이라도 규명하려 하는 게 심령과학자이다.

에디슨은 전술의 발언과 동시에 또한 다음과 같이 지적하기도 한다.

"나의 신념을 갖고서 말한다면, 만일 심령계에서 진실한 연구를 시도한다면 우리들은 흡사 약제나 전기 등 기타의 면에서 현재 행해지는 것처럼 과학적인 기계를 사용하여 과학적으로 연구해야만 하지 않을까?

그래서 나의 기계가 완성하면, 타계의 인격은 종래보다도 쉽게 자기 자신을 발표하기 위한 보다 좋은 찬스가 주어지는 것으로서 바꾸어 말한다면 나의 목적은 심령계의 문제에 과학적인 색채를 주기 위해 연구용의 기계를 발명하는 일이다.

오늘날의 과학자도 생물 및 무생물의 사이에 뚜렷이 경계를 긋는 것은 곤란함을 인정하고 있지만, 생명의 실체는 아마도 광물 및 화학품 등에도 붙어 있는 것으로 생각된다.

예를 들어 결정(結晶)의 작용을 본 사람은 자연이라고 일컫고 있지만, 자연이란 애당초 무엇인가? 무의미한 말에 불과하다. 오히려 복잡한 결정의 작용은 이것을 생명 실태의 사업이라고 추리해야만 하지 않을까?"

이 에디슨의 생각은 심령현상을 과학적으로 설명하는데 있어 커다란 지침이 된다고 하겠다.

영혼의 존재를 조금이라도 과학적으로 규명하고자 생각하는 세계의 심령과학자는 낮과 밤을 쉬지 않고 그 연구에 온 힘을 기울이고 있다. 그들은 순수과학자나 세간의 냉소에 견디내며 그 연구와 실험을 계속하는 셈이다.

심령과학은 백 년 이상이나 전에 미국, 영국에서 시작되었다.

그 중에서 가장 오랜 것이 영국의 심령연구학회로서 1882년에 창립되었고 그 3년 후엔 아메리카에서 가장 오랜 아메리카 심령연구학회가 탄생했다.

이 두 조직 모두 지금껏 건재하며 영국과 미국에 있어서의 심령연구의 중심으로서 활동하며, 정기적으로 연구나 실험 테이터를 공표한다.

이 양국에선 그 발표를 신뢰성이 높은 것으로써 받아들이고 있을 뿐아니라 영능력자를 범인 수사나 사업 활동의 예측 등에도 기용하고 있다.

프랑스는 영국, 미국 정도는 아니지만 파리에 있는 심령과학협회도 거의 90년의 역사를 갖는다. 그리고 주목되는 것은 유물론의 나라에서도 이런 연구가 진행되고 있다는 사실이다. 소련의 심령연구도 역사적으로는 제정 러시아 시대부터로서 꽤나 오래 되었다. 70년 전 소비에트 정권이 수립되었을 때 모스크바와 레닌그라드에 각각 3개의 연구 단체가 있었고 꽤나 앞선 연구를 하고 있었는데 무신론의 입장을 취하는 소비에트 정권은 이런 단체를 없애버렸다. 그러나 나라의 체제가 바뀌어도 심령현상은 여전히 일어나므로 일부의 연구가들은 비밀리에 연구를 계속했다.

그리하여 현재로선 텔레파시를 연구한다는 명목으로 레닌그라드 등에 연구기관이 만들어졌고 실험이 진행중이다. 그리고 '소련'도 해체된 현재 '독립연방'에서의 심령 연구는 더욱 왕성해지리라고 추정된다.

이밖에 체코슬로바키아, 중국, 독일, 네덜란드, 오스트레일리아 등 수십개국에 심령과학의 연구 단체가 있다.

일본에서도 심령 연구가 대단히 활발한데 일부의 연구가는 에디슨이 연구하려 했던 '영계 라디오'를 고안중이고 시작품도 만들어졌다. 이것이 완성되면 아마 세계적인 발명이 되고 영혼 존재의 문제도 단숨에 해명되지는 않는다 해도 큰 진전을 보게 되리라.

이 영계 통신에는 세계의 연구자들이 큰 관심을 나타내고 있으며 미국, 영국, 체코슬로바키아 등에서도 그 시작품이 실험되고 있는 모양이다.

이 라디오와는 다르지만 기계를 사용하여 영혼과 이야기를 하려는 연구가 체코의 과학자 슈베르스키씨 등 6명의 그룹에 의해 행해지고 있다.

그 장치가 어떤 것인지는 아직 명확하지 않으나 1967년 9월 체코슬로바키아 과학아카데미의 회원 다수가 입회한 초보적 실험에선 상당한 성과를 올렸다는 이야기이다.

망자와의 대화에 관해서는 소련의 과학자 알렉산도르 보로고프씨가 다음과 같이 말한다.

"전자계산기에 어떤 인물의 특성을 이루는 소재를 충분히 기억시키면 컴퓨터는 그 인물의 연장이 된다.(같은 마음을 갖는다는 의미). 이를테면 베에토밴의 교향곡이며 감정이나 행동 등을 되도록 많이 컴퓨터에 입력하고 현대 음악에 관한 질문을 해보면, 컴퓨터로부터는 베에토밴의 대답을 들을 수가 있으리라.

또한 플라톤의 저작이나 언행을 컴퓨터에 입력시켜 현대 철학에 관한 질문을 해보면 그 대답을 얻을 수 있으리라."

심령과학에 관한 문제를 일본 심령과학협회 발간의 〈영혼의 세계〉는 다음과 같이 지적한다.

"인간의 상식은 개인에 의해 상당히 틀리지만 종교나 나라, 시대에 따라서도 매우 틀린다. 그런데 사람들은 현재의 자기 상식이야말로 유일한 진리라고 과신하며 이것과 틀리는 사항은 잘못이라고 착각하는 일이 많다. 정당이나 종교의 종파간 싸움 등은 그 대표적

인 나타남의 하나라고 생각된다.

지금이야 과학 지식이 보급되고 사람들이 '당연지사'라 생각하는 사람이라도 그것이 발견되고 사람들의 상식이 되기 까지에는 갖가지의 희비극이나 심각한 문제를 불러 일으킨 예가 극히 많다."

"최근의 과학 진보 상태로 보아 과학은 인간의 수수께끼 거의 전부를 해명했다고 생각하는 사람이 있을지도 모른다."

"그것이 과학이 '어째서'라는 문제의 대답은 철학에 맡기고 '어떻게 되어 있는가'하는 문제의 탐구에 노력해 왔기 때문이다. 즉 어찌하여 물질에는 인력(引力)이 있는가든가 어째서 마음이 형성되는가 하는 사물의 근본에 관한 문제에는 터치하지 않고 그것이 어떻게 되어 있는가 하는 것을 조사하여 그것을 정의(定義)하며 그 이용을 생각해 왔기 때문이다. 그것이 과학인 것이다."

"이를테면 인혼이나 유령이나 사람이 죽을 때 나타나는 몽조(夢兆) 등의 현상은 잘 조사해 보면 결코 우연의 일치라든가 환각이나 착각이 아님을 안다. 그래서 이런 현상이 발생하기 위해 필요한

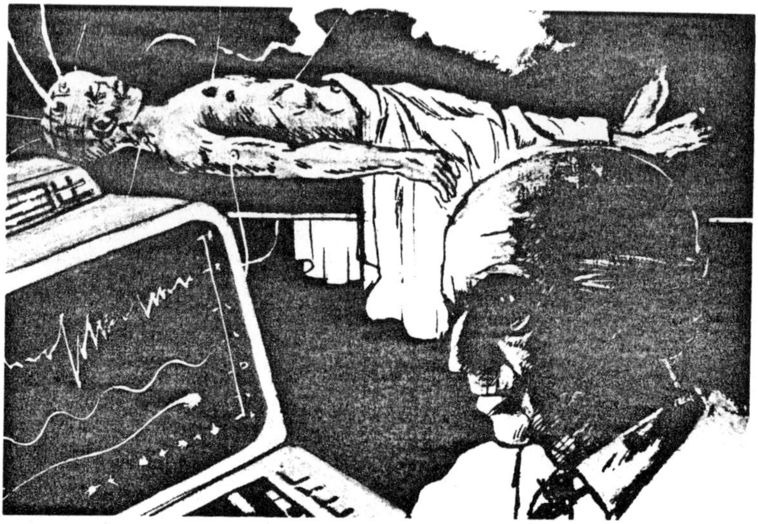

조건을 여러가지로 생각해 보면 영혼같은 것이 존재하지 않으면 안 된다는 결론에 도달한다.

그래서 인간의 사후도 영혼은 육체를 떠나 존속하고 영능력이 있는 자만이 그것을 알 수 있다고 가정하면 심령현상은 모두 간단히 설명이 가능하다.

또 이렇게 가정하여도 물리·화학·생물학, 기타 모든 분야의 기성 법칙에 대해 하등 모순되지 않을 뿐아니라 심리학이나 정신병 의학 등의 분야에서 지금까진 설명할 수 없었던 현상도 영혼설로서 그 원인이나 이유를 뚜렷이 설명할 수 있고 치료도 할 수 있다. 그러므로 이 가설은 과학적 진리의 어느 정도인 조건을 만족시키는 것이 된다.

다음으로 영혼의 가설을 증명하는 듯한 조건의 실험에 관해서는 수호령이나 유체 이탈을 보는 실험, 오러를 보는 실험, 제령에 의한 정신병 기타의 병치료 등 얼마든지 있다. 그러므로 영혼설이 보급되어 사람들이 이것을 인정하게끔 되면 영혼의 존재는 과학적 진리라고 분명히 말해도 상관없다. 그리하여 이와같이 해서 심령과학은 연구되고 체계를 이루었던 것이다. 영혼 부정설이야말로 비과학적 학설인 것이다.

"심령과학 분야의 사건은 심령과학의 지식이 없는 사람으로선 이해못하는 게 당연하고 계통이 다른 분야의 지식으로서 심령 문제를 비판하든가 부정하는 일은 독단도 이만저만이 아니라고 생각된다.

그리하여 영혼을 부정하는 사람이 많은 것은, 우리나라에선 어린이 적부터 심령과학을 전연 가르치고 있지 않을 뿐아니라 거꾸로 부정하게끔 교육하기 때문이다. 그때문에 일본인의 60~70퍼센트의 사람이 심령 현상을 스스로 체험하든가 남의 이야기를 듣고 있으면서 그것을 이해하지 못하기 때문에 환각이니 우연의 일치이니 하는 것이다.

그런데 외국에선 이것과 반대로서 심령과학의 지식은 사람들의 상식으로 되어 있어 일상의 생활에까지 도입되고 있으며, 영혼을 부정하는 자는 야만인 취급을 당한다.

일본인은 미신이 많고 신아닌 것이 없다 할 정도이며, 본질적으로는 무신론자라고 하겠다. 특히 기독교에 대한 신앙이 저조하여 전인구 1억 2천만명 중 기독교도는 고작 4백만 명이라고 한다. 기독교는 영혼을 중시하며 하나님을 신앙하니만큼 위의 논조와 같은 말이 나옴은 당연하다고 하겠다.

나는 이상의 사고방식에 100% 찬성은 아니지만, 심령과학에 대한 잘못된 사고방식에의 비판에는 전면적으로 찬성이다.

나는 또 아직도 가설이 많은 심령과학계에 대해 하나라도 많은 사람이 그 사람 나름의 견해, 가설을 발표하고 그것을 상호간에 연구하며 이 미래과학을 규명해야 된다고 생각한다.

2. 악령대책법

—악령에 사로잡혔다. 그럼 어떻게 하지—

악령과 원령의 차이

이제까지 풀이한 것처럼 영혼이 존재함은 십이분 생각될 수 있고 그 가설도 선다고 나는 생각한다.

그럼 영혼이 있다는 가설에 서서 다음의 문제를 알아보자.

먼저 악령이란 무엇인가? 원령(怨靈)이란 무엇인가? 이 악령 · 원령에 관해서도 종교적으로 생각했을 경우 상당히 다른게 있다고 생각되지만, 나는 종교가는 아니므로 종교적인 해석은 일체 배제하겠다.

나는 악령과 원령만이 살아있는 사람에게 해를 끼치는 영이라고 생각한다. 그 어느 쪽도 '영해(靈害)'를 가져오는 것으로서 우리들이 주의해야 한다.

먼저 원령으로서 이것은 한마디로서 말한다면 원한을 품고서 죽은 사람의 영이고 그 원한을 풀고자 출현하는 것이다.

영혼의 존재를 부정하는 사람 중에도 이런 원령의 출현을 겁내는 사람이 있으므로 생각해 보면 우스운 이야기다. 이런 원령 공포심은 영을 부정하는 생각에 통하는 한편 엉터리 영매에 이용되고 신흥종교가 파고드는 최대 원인이 되고 있는 것이다.

원령은 이론적으로 생각해도 관계없는 인간에게 왜 붙는 것일까? 그 원령이 생전에 학대를 받았다든가 살해되었다고 한다면 그래도 납득이 가지만 어디의 누군지도 모른다는데 원한을 갖고서 들러

뭍을 까닭이 없다.

나는 원령에 관해선 무관계인 사람에게 붙든가 괴롭히든가 하는 일은 거의 없다고 생각한다. 그러므로 독자도 그와 같은 엉터리 영매의 말에는 절대로 귀를 기울이지 않기 바란다. 영시를 부탁하여 자기에게 짚이는 것이 없다면, 그 원령은 영매의 방편에 지나지 않는다고 생각해 주기 바란다.

영은 눈으로서 확인할 수 없는 것이므로 더욱더 마음에 파고들기 쉬운 셈이지만, 그것을 파고들게 하는 것은 그 사람 자신에도 문제가 있는 것이 되리라.

그럼 원형과 악령은 어떻게 다를까? 한마디로서 말한다면 현세의 사람에 대해 원한을 갖고서 출현하든가 들어붙든가 하는 것은 원령이고, 원한 따위는 전혀 없지만 나쁜 짓을 하는 영이 악령이며, 살아있는 우리들에게 있어 무서운 것이 이 악령 쪽이라고 생각된다.

원령과 악령을 함께 생각하는 사람도 있지만 나는 두가지가 각각 다른 것으로써 나누어 생각하고 싶다. 사람에게 못된 장난을 치는 것과 원한을 품는 것은 전혀 다르며 현세에서의 제현상을 보아도 그것을 잘 알 것이다.

이 악령에는 지박령과 부유령의 두가지 종류가 있고 아무런 목적도 없이 다만 무턱대고 들러붙어 그 사람을 불행케 만들므로 처치곤란의 것이 많다.

유럽에선 악마와 신은 종이 한장의 차이라는 생각도 있어 때로는 악마가 신과 같은 활동도 한다고 한다. 그러므로 유럽에는 악마 신앙조차 있다.

그 신도 수십만이라 일컬어지는 악마 신앙이 더욱 더 왕성해지고 있으며, 그들은 악마를 신앙함으로서 악마로부터 자기들을 지키려는 생각을 갖는다.

이런 악마와 동양의 악령은 전혀 같은 것은 아니지만, 기본적으로는 동일하다고 생각해서도 좋은 게 아닐까?

일본에선 악령 신앙이라는 것은 없고 악령은 인간에게 공포를 주는 것으로 무서워하고 있으며 흔히 원령과 동의어로써 사용된다.

악령의 종류

악령이라는 것은 그 출현에서 다음의 몇가지 이유가 있는 것 같다.

① 자기의 존재를 과시하는 자기 주장형

② 한풀이처럼 상대를 가리지 않고 들러붙고 해를 끼치는 것.

③ 타인의 행복을 새암하여 들러붙고 그 사람들을 불행하게 만드는 질투형.

④ 들러붙음으로서 그 공양을 바라는 구조형.

대별하여 이 네가지가 악령이 출현하는 이유라고 생각된다. 자세히 설명하면 좀더 여러가지가 있다고 생각되지만, 일반적으로는 이 네가지로서 구분될 수 있다.

이 네가지의 대별을 좀더 자세히 설명해 보자.

(1) 자기 주장형의 것

이는 악령 중에서도 가장 가벼운 것으로 극히 많은 사람이 체험하는 것이라고 하겠다. 즉, 그제까지의 사업이나 건강이, 또는 부부사이가 돌연 나빠져 영능자에게 보아달라고 했더니 그 사람에게 악령이 붙어 있고, 공양에 의해 그 악령을 싱불(成佛)시켰다. 그것으로 그 악령은 자기의 존재를 제할 뿐아니라 공양까지 받아먹는 셈이다.

(2) 한풀이형의 것

악령 중에서도 그 사람이 생전에 어떠한 삶을 가졌는지, 또한 죽음 그 자체가 그 사람에게 어떠한 작용을 주었는가를 알게 하는 것인데, 의미없이 들러붙는 것이라서 곤란한 존재이다.

(3) 새암형의 것

앞의 한풀이형이 것과 거의 같으며 골치가 아픈 존재이다. 아무튼 타인의 행복을 새암하고 그런 사람을 불행케 하고자 들러붙는 것이므로 가장 질이 나쁘다고 하겠다.

이런 악령일 경우 생전에 자기 자신이 불행했던 일이 이와같은 새암형이 악령으로 바뀌었다고도 할 수 있을 것 같다.

(4) 구조형의 것

이는 ① 의 악령과 닮았다. 요컨대 자기 주장형의 것에 가까운 셈인데 이쪽은 약간 온순하고 자기 자신이 완전히 매장되고 완전히 공양되고 있지 않는다는 일에 대해 들러붙음으로써 어떻게든지 자기도 성불하고 싶다. 공양받고 싶다는 것으로 구원을 구한다는 의미의 악령이다.

대체로 이상이 대별한 악령의 종류이지만, 어느 하나이든 이것은 달라붙음을 당한 쪽으로선 견딜 재간이 없다. 아무튼 영이 달라붙는다는 것 자체는 굉장히 싫은 일이고 하물며 이런 영을 제거해야만 한다는 문제에 이르러선 여러가지 문제가 많다.

진짜인 의미로서 이런 영을 제거하는 힘을 가진 능력자라는 것은 그리 많지가 않다. 언뜻 보아 수없이 있고 제령이 가능해 보이는 능력자도 실제로 그것을 조사해 보고 혹은 재령시켜 보면 많은 문제점을 갖고 있다.

돈벌이만의 능력자일 경우도 있고 또 본인은 실제로 열심히 하고 있지만 영 그 자체가 완고하여 완전히 재령하지 못하는 사람도 있다. 따라서 원령이든 악령이든 들러붙는다 하는 일은 매우 불행한 일이다.

악령 빙의를 아는 방법

그러면 악령이 자기에게 붙었다고 아는 방법. 이를테면 이는 굉장히 어렵다. 그렇지만 그것을 모른다면 일찌감치 손을 쓰지 못한다. 일찌감치 손을 쓸 수가 있다면 이상한 현상이 일어나지 않아도 된다. 이상한 현상이 일어나고서는 이미 때가 늦은 것이다.

그것은 종교적으로 생각되는 방법과 민간에서 일부 미신이 아니라 생각되면서도 의외로 그렇지 않은 방법이 남아있다. 또 일부의 영능자 사이에서 행해지는 방법과도 다른, 어떤 의미로선 과학적인 뒷받침이 있는 것을 소개하고 싶다. 그렇지 않으면 아무래도 잘못된 방법을 취하든가 제령 단계까지 악화되든가 하기 때문이다.

(1) 악령 빙의를 아는 기본정신

먼저 당신 자신이 영혼에 대한 사고방식을 분명히 할 일이다. 영혼이 존재하고 있는지 없는지 아마 없을테지만 하는 사고방식이면 안된다.

영혼의 존재를 믿든 믿지 않든은 별개로 하고서 그 순간 자기에게 무언가 이상한 현상이 일어나고 자기가 무언가에 사로잡혔다고 생각했다면, 그 순간만이라도 영혼의 존재 곧 영혼이란 것이 있다. 자기의 마음속에 그것이 있다는 사고방식을 가져 주기 바란다.

그리하여 영혼에 대해 당신에게 들러붙어 있는 영혼, 악령, 원령 모든 것을 통털어서의 사고방식으로 좋지만 그것들에 대해 당신 자신에게 묻는다.

왜 자기에게 빙의하고 있는가, 무엇을 목적으로 자기에게 빙의하고 있는가….

흔히 영에 대해 물을 때에 경어를 사용하는 사람이 많다. 그러나 나는 그럴 필요가 전혀 없다고 생각한다.

영에 대해서는 단호한 태도로,

"왜 들러붙어 있는가?"

혹은,

"즉시 떠나도록, 나로부터 떠나요!"

라는 명령형의 말이 좋다고 생각한다.

그 이유는 영이란 것, 이는 현세의 살고 있는 인간과는 다른, 더욱이 그들의 기본적인 것 중에는 이 현세에 대한 무언가의 미련, 사모라는 게 강한 게 있다. 그러한 것에 대해 그것을 단호히, 더구나 분명히 하기 위해선 명령조의 말이 필요하다.

그리고 기본적인 정신으로써 당신 자신이 영혼의 존재, 영의 존재라는 것을 이 순간만이라도 믿는 일이다. 그리하여 다음에 자기 자신의 정신을 통일한다.

갖가지로 잡념이 들어오고 어지러운 심정의 상태로 하여도 효과는 오르지 않는다. 따라서 조용한 방에서 당신 혼자 혹은 당신의 그런 상태를 도와 주는 사람의 두사람으로 행한다.

여기선 기본적으로 혼자서 하는 방법을 설명하겠다.

먼저 당신 자신이 마음을 가라앉히고 그리고 자기에게 들러붙어 있다 생각되는 무언가의 영에 대해 앞에서 말한듯한 선문답의 형식이 되어도 좋으니, 물어본다.

그 물음이 시작되기 전에 당신 자신의 정신을 통일시킨다. 마음을 진정시키고 기분을 부드럽게 한다. 책상다리건 정좌이건 그것은 상관없다. 허리를 펴고 단정한 자세로서 차분한 심정으로 정신을 통일한다. 눈을 감아도 상관없다.

그리하여 또박또박 영에게 묻는다.

물음의 방법으로서 먼저 어째서라는 것, 왜라는 것, 이것을 분명히 하는 게 좋다.

현상적으로 무언가 당신에게 들려온다. 뭔가 대답해 올지도 모른다. 그러나 자기의 잠재의식 속에서의 대답, 이것은 피해야 한다.

흔히 있는 일이지만 정신 집중을 하고 눈을 감고서 무언가에 묻는다. 그러면 자기의 잠재의식 속에 있는 것이 어디선가 들려오는 듯한 환각, 환청을 일으킨다. 그렇다면 안된다.

역시 무언가 뚜렷이 대답해 왔다. 자기의 잠재의식 속에 없는 것으로서 돌아온 대답, 그것에 중점을 두지 않으면 안 된다.

만일 무언가 뚜렷한 대답이 돌아왔다면 그것을 메모해 주기 바란다.

앞에서 든 네가지의 악령 형 중의 어느 것인가 하나에 해당되는 것이 나타날지도 모른다. 전혀 아무것도 나타나지 않는다. 모르는 상태인 편이 우선 태반이라고 생각해 주기 바란다.

시간은 사람에 따라 다르지만, 대체로 30분을 평균으로 하여 생각하면 좋다.

(2) 손가락 끝으로 아는 방법

정신집중부터 선문답식에 의한 영에의 물음이 진행된다. 그리하여 무언가 대답이 있을 경우에는 그것을 메모한다.

다음의 방법으로 옮기자. 우선 앉은 자세를 흩으러트리지 않고 그대로인 자세로 있는다. 그리하여 남성이라면 오른손, 여성이라면 왼손을 자기의 가슴 위치에, 손바닥쪽을 위로 하여 내민다.

조금 무언가를 가볍게 들고 가슴 위치까지 손을 올린 상태로 한다.

다음에 손끝, 손바닥 전체의 힘을 뺍는다. 손의 힘을 뺍으면 손

그 자체가 점점 아래로 내려 간다. 이것을 되도록 내려가지 않는 상태로서 힘을 뺀다.

힘을 빼어 손이 내려가지 않도록 하는 것은 좀처럼 쉽지가 않다고 생각된다. 그러나 몇 번 반복하면 극히 간단히 볼 수 있게 된다.

그리고 그 손을 지그시 응시하면서 당신 자신의 기분을 다시 한번 진정시킨다.

다음에 깊이 3회 심호흡을 한다. 심호흡을 했다면 당신은 자기의 입을 오므려 쭉 내민다. 그리하여 뾰족해진 자기의 입에서 되도록 가늘게 숨을 내쉰다 하기보다 오히려 불어낸다.

흐흐… 하여 몇 번인가 한다. 잘 할 수 있게 되었다면 눈앞에 내민 손을 향해 그 숨을 뿜는 것이다. 손에 뿜는다 해서 전체에 뿜어선 안된다.

먼저 새끼 손가락부터 뿜어대기 시작한다. 다음엔 약지, 다음엔 중지, 다음엔 집게, 그리하여 엄지, 엄지에의 뿜어댐이 끝났다면 전체적으로 다시 한번 엄지 · 집게 · 중지 · 약지 · 소지라는 식으로 손가락 끝의 곳을 향해 숨을 줄곧 뿜어댄다.

이 숨결을 뿜을 때에 매우 중요한 일은 어느 손가락에 숨을 내뿜었을 때 그 손가락에 어떤 반응이 있었는지를 조사하는 일이다.

다시 한번 반복한다. 문어처럼 뾰족하게 한 입으로 입술부터 되도록 가느다란 숨결을 소지 · 약지 · 중지 · 집게 · 엄지를 향해 숨을 홱 하나 하나 뿜어간다.

그리고 각각 손가락에 어떤 반응이 있었는지 확인한다. 무언가의 다른 반응이 각각 있겠지만, 전혀 아무런 반응도 없는 사람도 개중에는 많다.

아무튼 몇 번 반복한다. 특히 숨결이 잘 미치지 않았던 경우엔 몇 번인가 재시도하여 그 손가락의 반응을 확인할 것. 남성인 경우는 적어도 5회, 여성인 경우라면 대개 3회로서 무언가의 반응이 나타나리라고 생각한다.

(3) 손가락 반응에 대한 의미

(가) 새끼 손가락

소지의 반응인데 숨결을 뿜었을 때 가늘게 흔들리며 반응이 있을 경우, 그리하여 그 손가락이 안쪽을 향해 꼬부라지는 느낌일 때는 당신 자신에게 아무런 악령 작용은 없다는 것이다.

다만 소지가 바깥쪽을 향해 당겨지는 듯한 상태로서 반응이 있다면 당신에겐 악령의 가벼운 현상이 일어나고 있는 것이다. 즉 대별한 ④ 에 해당되는 구조형 악령이 붙기 시작한 것이다.

(나) 약 손가락

격렬히 진동되고 크게 안쪽으로 꾸부러지거나 혹은 손바닥에 붙는듯한 상태로 반응이 있을 경우, 당신 자신 이는 악령 현상이 아니고 병이 나타남이다.

어딘가 자기로선 모르는 부분, 심령과학에서 말하는 유체(엑터플

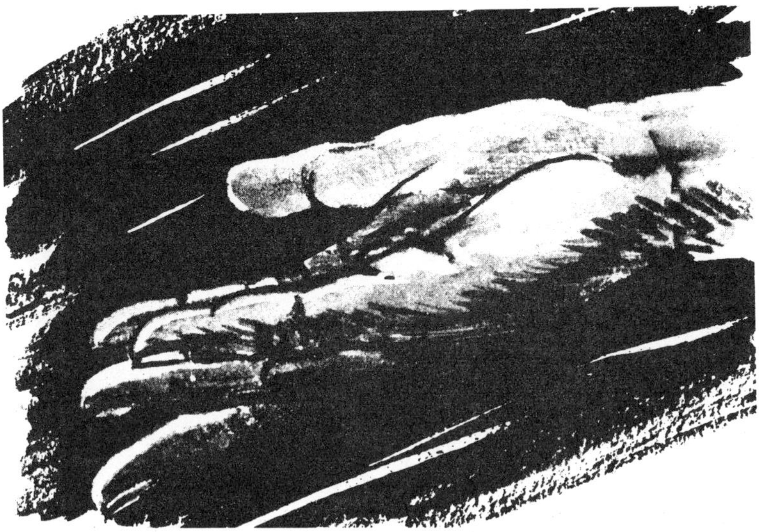

라즘)의 영이 나타난 증거이다.

약지가 바깥쪽을 향해 크게 반응되었을 경우, 이것도 악령의 빙의 현상은 아니다. 당신 자신의 친척, 혹은 친한 사람에게 불행이 있다는 하나의 통지이다.

(다) 가운데 손가락

이 중지가 매우 중요하다. 중지의 반응은 잘 보아주기 바란다.

이 중지가 심하게 진동되면서 안쪽으로 크게 손바닥에 붙는 듯한 상태로 꼬부라졌을 때, 매우 유감이지만 당신에겐 한풀이형의 악령이 이미 빙의되고만 증거이다.

다만 그것이 아직은 그리 세지 않다고 하기보다는 악령 그 자체가 그런 강한 힘을 가진 것이라 아니라고 하겠다.

다음에 이 중지가 바깥쪽을 향해 크게 젖혀졌을 경우 이는 질투형의 악령이 붙었다는 표시이다. 특히 밖으로 향해 좌우로 흔들리면서 그런 반응이 있었을 경우, 이는 완전한 질투형의 악령에 빙의된 것이라고 생각해야 한다.

(라) 집게 손가락

이 집게에 대한 반응도 특히 주의가 필요하다.

만일 집게가 좌우로 움직였을 경우 그것이 바깥쪽으로 젖혀지는 듯한 반응이 있었을 경우, 그 어느 쪽도 악령에 빙의되었다고 생각해도 좋다.

다만 이 경우에는 구조형의 것, 혹은 자기주장형의 것이 많다. 따라서 일찌감치 이를 제거하는 일도 가능하다.

집게가 손바닥에 붙는듯한 상태로 반응이 있을 경우, 이것은 당신 자신의 병 특히 내장의 병을 나타내는 것이며 악령 빙의의 현상은 아니다.

(마) 엄지 손가락

엄지가 밖을 향해 크게 흔들렸을 경우, 크게 당겨지는 듯한 상태로 나타났을 때 이것은 당신 자신에게 질투형 악령이 빙의했다고 생각해도 좋다.

안쪽으로 크게 구부러졌을 경우 이는 악령 빙의의 현상은 아니다. 당신 자신의 무언가의 욕망을 나타낸 것이다.

밖을 향해 크게 고부라졌을 경우 구조형의 악령 혹은 약간 원령에 가까운 형태의 것이 빙의하고 있다고 생각해야 한다.

이상이 악령 빙의를 아는 방법이지만 이것을 할 경우에 처음에도 말한대로 적어도 이것을 하는 동안 당신 자신이 진지하게 이것을 대하지 않으면 안된다.

둘이서 할 경우는 남성일 때 상대편의 왼손에 자기의 왼손을 얹는다. 즉 손바닥을 맞춘 상태로 한다.

그리하여 상대의 오른 손바닥을 위로 당신 자신의 오른손 위에 얹고 손바닥을 위로 향한다. 그리하여 숨을 뿜어주는 것은 당신이 아니라 상대이다. 그러면 스스로 한 것보다 좀더 뚜렷한 것이 나타난다. 감응의 방식이 강해지는 셈이다.

여성의 경우는 전혀 반대, 요컨대 왼손에 숨을 뿜어주도록 하면

된다.

흔히 살아있는 인간에는 적어도 3체의 영체가 붙어 있다고 한다. 즉 지배령, 지도령, 배후령이다.

이 영체의 교체가 있을 때, 대체로 일생 동안에 몇 번 교체가 있다고 생각되지만 그런 교체가 있었을 경우 때로는 앞에서 든 네가지 타이프의 악령과는 다른 의미의 악령, 즉 가장 가벼운 것이 붙는 경우가 있다.

따라서 무언가 반응이 있는 셈이지만 앞에서도 말했던 것처럼 저마다의 반응을 대별한 형의 것과 비교 대조하면서 생각해 본다. 진지하게 하면 그런 일 자체도 할 수 있으리라고 생각한다.

일반적으로 악령을 피하는 방법은 몇가지 있다고 생각된다. 먼저 자기 자신의 마음 약함을 드러내지 않을 것, 그리고 흔히 말하는 괴로울 때의 신불 의뢰심을 일으키지 말 것. 그리고 자기의 영에 대해 이것을 믿지않음은 별개로 하고선 영에 대해 역시 자기가 자기 나름인 하나의 사고방식을 갖는 게 중요하다.

악령을 제거하는 방법, 그 몇가지를 소개해 본다.

① 액(額)의 피로 제거

이것은 동양적이랄까, 한국을 비롯하여 일본, 중국, 베트남 등에서 사용되는 것으로 악령에 사로잡혀 있는 여성이 이 방법으로구원된다.

이 방법의 기본적인 사고방식은 악령이란 인간의 피가 되어 있다는 것으로 그 피를 교체시키면 된다는 것이다. 따라서 피를 흘리는 일이 악마 퇴치가 되는 것으로서 꽤나 잔혹하다고 해야만 하리라. 그러나 효과가 있어 사용된다. 장소로선 바다나 산속의 냇물이 좋다고 한다. 비록 겨울이라도 물로 온몸을 깨끗이 해야 한다.

온몸을 깨끗이 하고서 준비한 두께 2cm, 길이 15cm, 폭 5cm의 소나무 또는 복숭아나 판자에 자기의 이름과 생년월일을 쓰고 다시 그 판자이 뒷쪽에 '殺'이라는 글자를, 이 방법을 쓰는 월일과 합계한

숫자, 예컨대 9월 1일이면 10개라는 식으로 쓴다.

준비는 이것뿐으로서 다음에 그 송판의 모퉁이(어디라도 좋다)를 사용하여 이마의 좌측부터 우측에로 내려나간다. 때리는 방법은 톡톡 가벼워도 좋지만 때릴 때 악령은 물러가라 하고 계속 외우는 것이다.

최후로 이마의 중앙을 집중적으로 때린다. 그곳이 빨개지고 피가 나올 때까지 때리는 것이다. 피가 확실히 흘렀다면 중지한다.

그뒤 송판은 태워버린다.

이마에 흐른 피도 멎고 상처가 아물면 악령은 가버린다.

② 화지(和紙) 주문으로 쫓는 법

이는 남자의 악령에 괴로워하는 여성을 위한 방법으로서 이것에 의해 구원된 여성도 많다.

이 방법은 자기에게 남자의 악령이 붙어있다고 느꼈다면, 즉시 시작하지 않으면 별로 효과가 없다고 하지만 조금이라도 빨리 실행하면 성공이 틀림없다. 다만 이 방법은 남자의 생령(산사람)에는 통용되지 않는다.

방법으로서 먼저 한지를 2매 준비한다. 그 한지에 동백기름을

엷게 바르고 면도칼로 그 종이를 옆으로 펼쳐 6등분한다.

12매의 종이가 준비되었다면 검은 무명실을 사용하여 그 종이를 연결시킨다. 그리고 다음의 문자를 쓴다. 이 문자는 연필을 사용하여 각 종이마다 한 글자씩 쓴다.

문자를 쓴 종이를 태우는 것이다. 큰 접시나 대접 속에서 불사르고 종이의 재를 얻는다.

재는 가아제에 싸고 그것으로 얼굴을 두들기고 온몸을 두들긴다. 그리고 그 종이쌈지를 몸에 지닌다. 잠잘 때도 지니는 편이 좋다. 아무리 적어도 1주일은 몸에 지녀야 한다. 그 동안에 악령은 떠나리라.

③ 영문자로 제거하는 법

악령은 언제 어디서 어떠한 식으로 붙을지 모르므로 운을 타고 있는 사람이라도 돌연 불운을 만날 가능성은 늘 있는 법이다.

이 악령 제거 방법은 누구라도 간단히 할 수 있는 것이고, 이상하다고 생각되면 곧 해보도록. 악령이 붙어있지 않더라도 해는 없다.

준비하는 것은 한지 1매(반지 크기), 먹, 붓이다. 먹을 갈 때 차를 넣어 몇시간 지난 것을 쓰고 되도록 진하게 먹을 간다.

그 먹을 사용하여 다음의 문자를 쓰는 것인데, 쓰기 전에 당신 자신의 정신을 집중해야 한다. 정신을 집중시키고서 마음속으로 '악령은 물러가라'고 강하게 염한다.

이 세글자를 당신의 연령 수만큼 쓴다. 문자를 썼다면 종이를 되도록 작게 적어 그 복판에 바늘을 찌르고 자기가 자는 침구, 또는 배드의 머리맡에 꽂아둔다.

사흘밤 그것을 계속하고서 그 종이를 촛불로 태우는 것이다. 같은 일을 세번 하면 거의 악령을 제거할 수 있다.

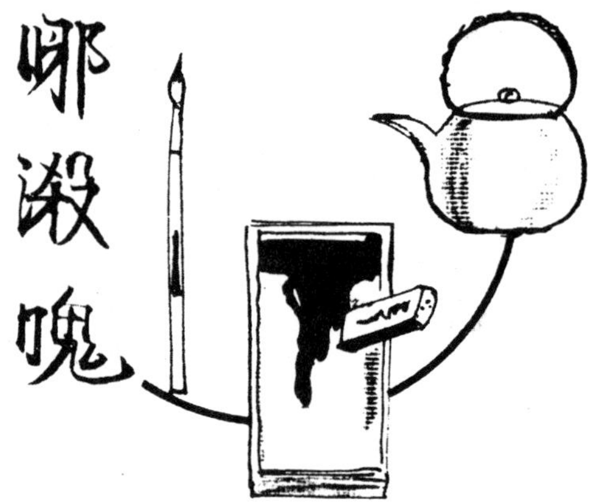

영혼을 과학의 눈으로 잡다

영혼은 존재하는가?

1. 영혼이 존재한다는 다섯가지 가설

영혼은 과연 존재하는가 어떤가 하는 의문에 대하여, 필자는 현재 다음의 다섯 가지의 가설을 가지고 대답하려고 한다.

(1) **소생(蘇生)**—죽은 사람이 살아나는 현상. 사망을 판단하는데 문제는 있으나, 현대의학에서는 해결할 수 없는 경우가 의학자 측에서도 보고를 하고 있다.

여기서는 인도인 의사 세 사람이 분명히 사망을 알리고, 사망진단서를 쓰고 묘지에 매장할 때에 살아난 타크슈라씨를 보기로 든다.

(2) **전생(轉生)**—죽은 사람이 다시 태어나는 현상

종교에서는 역사적 진실로서 이야기하고 있다는 것은 독자도 알고 있으리라고 생각한다.

불교에서는 윤회전생(輪廻轉生)이라고 하여 모든 혼은 계속 다른 사람이나 생물로 옮겨져, 영구히 망하는 일이 없다고 말하고 있다.

(3) **자동서기(自動書記)**—영력(靈力)이 작용하여 그림이나 소설을 본인의 의지에 관계없이 쓰거나 그리는 현상.

이에 관해서는, 필자 자신이 직접 입회한바 있고, 그런 사실에서 말하여도 영력의 작용 없이는 불가능하다고 단언할 수 있다.

사실, 세계 각지에서도 이 현상에 입회한 과학자는 많고, 일단은 의심을 하면서도 현상을 부정하는 논거를 가지고 있지 않다.

(4) **심령치료(心靈治療)**—영력의 힘을 받아서 난치병(難治病), 기병(奇病)을 치료, 수술하는 현상.

필자 자신도 심령치료 하는 사람들은 십여명 취재하고 있으나

영력이 없을 때는 평범한 사람에 지나지 않는다.

(5) 죽은 사람과 교류(交流)를 할 수 있는 사람으로 죽은 사람의 목소리를 듣게 해주거나, 영계의 이야기를 할 수 있는 현상. 오소레산의 무당은 그 전형적인 것으로 흔히 강신(降神—신이 내리는 것)이라고도 부르고 있다.

2. 영혼의 정체는 무엇인가

[믿는다, 믿지 않는다, 이렇듯 의심하기에 앞서 과학의 메스를 대본다면……]

영혼의 정체에 대하여, 유럽의 심령과학 연구가의 보고를 요약해 보면, 대략 다음의 열 항목으로 요약되고, 필자 자신도 그것에 따르고 있다.

① 육체가 죽은 후, 인간은 영혼으로서 생존을 계속하고 의식활동(意識活動)을 한다.

② 사람의 영혼은 희박한 어떤 종류의 에토프라즘(유체)를 가지고, 생전의 형체(形體)를 유지하고 있는 상태로 존재하고 있다.

③ 엑토프라즘은 일종의 실체(實體)와 일정한 무게를 가지고 있기 때문에 목격하거나 사진으로 찍는 일도 가능하다.

④ 영혼은 생시에 있어서는 육체의 내부에 깃들고 있는 하나의 유기체(有機體)이고, 뇌수(腦髓)·신경(神經)·혈관·심장 같은 것을 가지고 있다.

⑤ 육체가 죽은 뒤, 영혼이 존재하는 장소는, 지구를 에워싸고 있는 몇 층인가로 나뉘어져 있는 이른바 영계(靈界)이다.

⑥ 영혼과 인간은 여러 가지 방법으로 통신을 할 수 있고, 교류(交流)가 가능하다.

⑦ 인간의 영혼은 생시에 있어서 어느 정도 육체에서 떠나 영계와의 교류를 도모할 수 있다.

⑧ 물질적인 세계와 영계의 세계는 유기적인 관계를 가지고 인과율(因果律)에 의하여 규정되어 있다.

⑨ 물질과 혼은 근본적으로 다른 것이 아니라 오히려 같은 근원에

서 나와 있다고 해야 한다.

⑩ 심령작용은 인간의 육체 및 그 밖의 물질 위에 놀랄만한 힘을 발휘할 수 있다.

이상의 항목 가운데 어느 것일지라도 완전히 증명될 수 있다면 '산다'고 하는 인간의 존재가 근본적으로 다시 생각하게 될 것이다.

심령현상을 과학화 한다

심령과학에서는 심령현상을 '정신적인 것'과 '물질적인 것'의 두 가지로 크게 나누어 연구를 진행시키고 있다.

정신적인 심령현상이란 알기 쉽게 말한다면, 영적인 작용을 받기 쉬운 사람이 체험할 수 있는 현상이다.

다시 말해서, 그 사람에게만 알고 느끼게 되는 것으로, 유령을 보았다든가, 도깨비를 보았다든가 하여도 다른 사람에게는 보이지 않는 일이 많은 것도 그런 때문이다.

필자 자신도 여덟살 때 할아버지의 완전히 물질화 된 영을 본 것을 계기로 하여, 현재까지 100개를 넘는 영을 보고 있다.

하지만 이 일도 보이지 않는 사람에게 있어서는 '미친 사람'의 이야기 정도로 밖에 받아들여지지 않고, 어떻게든지, 과학적인 접근이 필요하게 되는 것이다.

'심령을 과학화 한다'는 태도야말로 앞으로의 유일한 과제이다. 라고 말해도 좋을 것이다.

주목해야 할 독일의 과학자 그룹

심령을 과학화 하는 태도로서 필자는 독일의 과학자 그룹에 대하여 지금 주목하고 있다.

그들은 의사 · 심리학자 같은 전문가 7명으로 구성되어 있고, 영국이나 미국에서 초심리학, 심령과학을 연구하여 온 사람들이다.

1966년 가을, 그들은 현대과학에서 생각할 수 있는 최고의 설비를 만들고 약 백명의 죽은 사람을 측정했다.

그 결과, 인간이 죽을 경우, 그 몸에서 빠져 나가는 얼마간의 수분과 개스 따위의 모든 것을 합계 하여도, 아무래도 부족한 무게가 35g 있다는 것을 발견한 것이다.

이 35g이야말로 엑토프리즘, 다시 말해서 '영혼(靈魂)'이라고 부르는 것으로, 육체가 죽은 뒤, 대기 가운데로 빠져 나가고, 미립자화(微粒子化)된 상태로 대기 가운데에 있고, 때로는 현실의 모습이 된다고 결론 짓고 있다.

3. 심령사진을 찍을 때의 주의

—그 마음 가짐과 실제상의 주의

과학하는 눈과 냉정한 마음으로

앞에서도 말했듯이, '심령사진'에 관한 질문이 특히 많아 나 자신 기쁘게 생각하고 있다. '심령사진'을 찍으려고 하는 일 자체가 다름 아닌 심령을 과학의 눈으로 잡아보려는 태도의 발로라고 말할 수 있기 때문이다.

내가 심령사진에 관심을 가진지 벌써 10년, 이 사이 미국 · 영국 · 알젠틴 · 멕시코 · 브라질 · 체코 · 폴란드 · 독일 등지의 심령과학자에게서 여러가지 형태로 심령사진의 감정법을 배웠다.

이 사실을 바탕으로 '심령사진에 찍히다니 넌센스다.' 이렇게 말하는 학자의 목소리에 자기 나름대로 도전해온 셈이다.

헌데 먼저의 저서를 읽고, 많은 사진을 보내왔는데, 다시 한번 강조하고 싶은 것은 '심령사진' 그 자체는 찍혔다 찍히지 않았다고 하는 결과론 보다도 촬영하기 전의 마음 가짐, 다시 말해서 영혼에 대한 마음 가짐이 가장 중요하다고 하는 것이다.

말할 것도 없이, 처음부터 영의 사진을 찍겠다고 하는 사람은 드물 것이다. 대체로 마침 찍은 필름 가운데 한장에 뜻밖의 것이 찍혀있었다, 이것이 도대체 무엇일까? 하는 소박한 질문으로부터 '영'에 대한 관심을 불러 일으키게 되는 경우가 거의 전부인 것이다.

그 결과, 과학의 힘으로는 해명할 수 없는, 아무리 생각해도 '우연'이라고 밖에 생각할 수 없는 현상이라는 결론에 이른다. 하지만, 그 '우연'을 밀고 나감에 따라 '영'이라는 존재가 크게 크로즈업 되는 것이다.

'심령사진'은 믿고 믿지 않고 간의 문제를 떠나 '영'을 생각하는 근본적인 자료, 영의 존재를 판단하는 과학적인 자료라고 말할 수 있다.

그렇기 때문에 '영사진(靈寫眞)'에 관심을 가진 사람이야말로, 과학적이며 냉정한 마음이 요구되는 것이다.

엑토프라즘과 영파(靈波)

그래서, 영 사진을 찍기 전에, 그 마음 가짐에 대하여 나 자신의 경험을 바탕으로 하여 적기로 한다.

① 우선, 촬영하는 쪽에서 '영'에 대하여 겸허한 생각을 갖는 게 필요하다. 무우드의 문제가 아니라, 겸허한 마음이야말로 '영'을 과학화 하는 태도에 이어지기 때문이다. 놀이 삼아서 하거나, 흥미 위주의 마음 가짐으로 셔터를 누르지 말기 바란다. 그런 뜻에서 '혹시 뭔가 하고 싶은 말이 있다면 내가 듣겠습니다. 제발 내게 말을 해보세요.'하고 마음속으로 염원할 정도의 기분이 필요하다.

② 영혼이 나타나기 전에 기분나쁜 소리가 나는 경우가 많다. 이것을 '랩소리'라고 하는데 반드시 강렬한 소리만은 아니므로, 아무리 작은 현상일지라도 놓치지 않는 태도가 필요하다.

③ 사람의 몸에서 유리(遊離)된 엑토프라즘(幽體)은 반물질화(半物質化)된 상태로, 이를테면 '솜사탕' 비슷한 존재여서 습도(濕度)에는 약하다. [유럽의 심령과학자는 엑토프라즘은 사람이 죽기 전 3시간 내지 3일 전에 사람의 몸에서 떠나, 미립자(微粒子)가 되어 대기 가운데 떠돌고 있다고 한다.]

그러므로 습도가 높을 때에는 물질화 되지 않는다. 습도가 낮고,

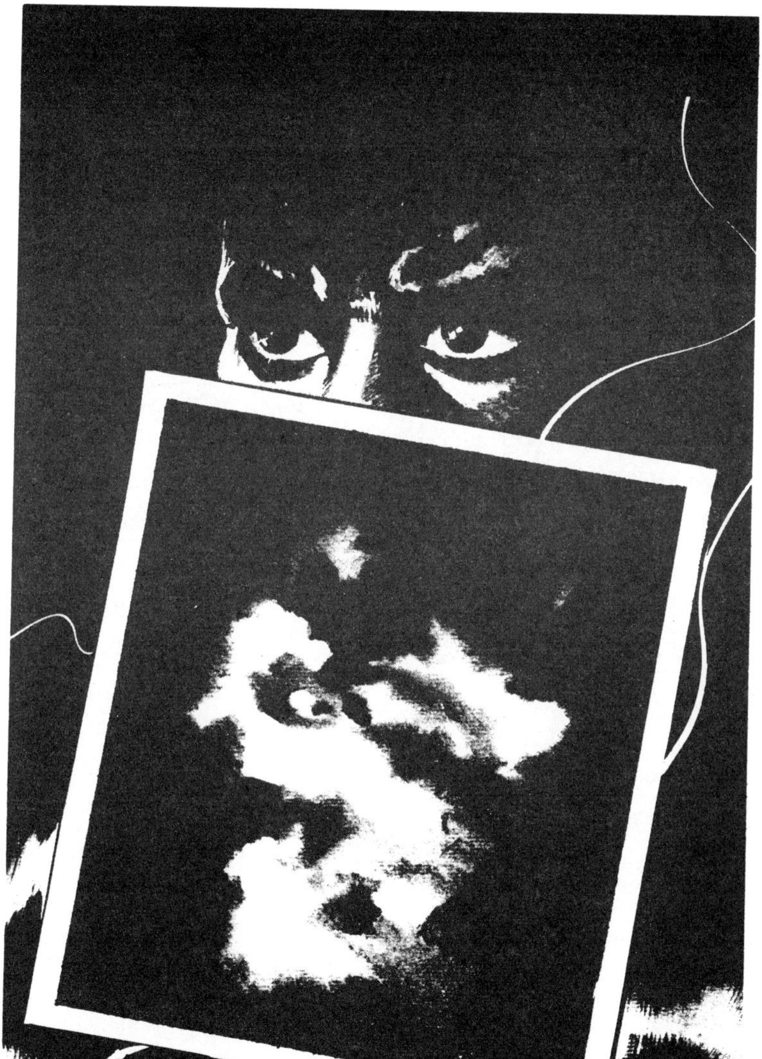

공기가 희박한 때와 장소에서 심령사진을 찍을 경우가 최고의 상태라고 할 수 있다.

이른바 '영산(靈山)'이라고 불리우는 장소를 생각해 보면, 그 뜻이 더 잘 이해되리라고 생각한다. 또한 영을 보았다는 사람의 대다수가 그 순간, 숨이 답답하고 오한이 난다고 고백하고 있으나, 이것도 엑토프라즘의 정체와 합하여 생각해 보면 흥미진진하다.

④ 영혼이 나타나는 시간은, 흔히 초목도 잠드는 시간이라고 하여, 오전 3시 무렵이 괴담(怪談)을 비롯하여 흔히들 말하고 있으나, 정해져 있지 않다는 게 사실이다.

다만, 공기가 깨끗한 때가 투명도(透明度)가 높으므로, 오후 11시 부터 오전 3시 무렵이 좋다고 말할 수 있을 것이다.

⑤ 영혼이 나타났을 경우에는, 냉정한 태도로 임하기 바란다. 산 사람도 영혼도 하나의 영파를 가지고 있고, 그 영파는 감정의 변화로 강해지기도 하고 약해지기도 한다.

만약 영혼이 나타난데 강한 충격을 받으면, 강한 영파가 방사되어 그것을 받은 영혼은 사라지고 만다고 하는 결과를 가져 오는 것이다.

물론, 놀라지 말라고 하는 것 자체가 무리한 주문일지 모르지만, 과학의 눈으로 잡는다는 자세와 '영'은 앞서 말한 것처럼 관계 없는 사람에게 '재앙'을 내리는 일은 없다는 확신을 갖기 바란다.

⑥ 영파는 누구에게나 있고, 물론 그 사람에 따라서 강하고 약한 차이 같은 것이 있다. 하지만 영파가 강하고 약하다는 것 보다 더 중요한 것은 당신의 영이 영파와 어느 정도 합치되고 있는지 그것이 중요한 것이다.

이상 말한 것이, 영에 대한 마음 가짐인 동시에 영을 과학화 하는 태도라고 말할 수 있다.

기술보다 마음의 자세가 중요

헌데, 마음가짐 다음은 실제로 심령사진을 찍는데 있어서 주의할 점에 대하여 말해보기로 한다.

① 카메라는 기종(機種)을 묻지 않으나, 물론 보다 고도의 카메라가 좋다는 것은 보통 사진을 찍을 경우와 같다.

다만, 가능하다면 심령사진 전용의 카메라를 가지는 게 바람직하다.

② 흥미 위조로 떠들거나 허풍 떠는 태도는 절대로 취하지 말것. 셔터를 누를 경우에도, 마치 심령사진을 찍는다고 자신양하는 듯한 포오즈를 취해서는 절대로 찍히지 않는다.

③ 아무리 심령사진이라고 하더라도 위험한 곳은 피할 것. 영이 나타나는 장소는 사고 현장이 많으므로 특히 주의할 것.

영에는, 지박령(地縛靈)과 부유령(浮游靈)이 있고, 지박령은 어떤 이유에서건, 일정한 장소에 나타나는 영이고, 부유령은 장소에 관계없이 '영파(靈波)'가 일치되면 찍히는 것이므로, 위험한 장소가 아니면 심령사진을 찍을 수 없다는 그런 일은 없다.

④ 심령사진을 감정하는 포인트는 '눈'이고, 이것을 정확히 보아야 한다. 또한 심령사진을 설명하는데 있어 억지가 많다.

⑤ 심령사진을 가지고 있는 것은, 해를 입는 게 아니라, 영을 위로할 수 있고, 영이 당신을 지켜주기조차 한다고 말할 수 있다. 영파가 일치되어 나타난 영이 당신에게 재앙을 내린다는 일은 절대로 없다.

⑥ 같은 장소에서, 반드시 각도를 달리하여 몇 커트 찍고, 노출이나 셔터의 속도를 달리하여 찍을 것. 그렇게 하므로 찍힌 영의 존재에 대한 객관성이 높아지기 때문이다.

⑦ 촬영한 결과, 그것이 '심령사진'이라고 인정되었다면, 소중하게

다루고, 청결한 장소에 두기 바란다.

⑧ 심령사진을 찍으려고 할 경우에는, 관계없는 인물을 함께 찍지 말 것.

우연히 찍힌 경우는 할 수 없지만, 심령사진을 의도적으로 찍을 경우는 반드시 인물은 넣지 말것.

헌데, 심령사진을 찍을 경우의 '마음 가짐'과 '실제상의 주의'를 말한 셈이나, 어데까지나 심령사진을 찍는 기술같은 것은 2차적인 것으로, 당신의 영에 대한 '마음'의 자세가 문제라는 것은 더 말할 필요가 없다.

영혼이 존재하느냐에 대한 진위(眞僞)가 일종의 붐을 이루고 있는 오늘날에 있어 쓸데없이 미신이라고 광신적으로 떠들어대지 않고, 어데까지나 과학의 눈으로 잡아보려고 하는 심령사진의 존재에, 나 자신 큰 기대를 걸면서, 동시에, '영'의 존재가 일반적인 형태로 인정되는 날을 간절히 기다리는 바이다.

(5권에서 계속)

저자 약력

서울에서 출생하여 서울대 문리대 국문과를 졸업. 1951년 경향신문 신춘문예에 「聖火」가 당선되어 문단에 데뷔. 그후 일본에 진출하여 「심령치료」「심령진단」「심령문답」등을 저술하여 일본의 심령과학 전문 출판사인 대륙서방에서 간행하여 큰 호응을 얻었으며, 다년간 심령학을 연구함. 그후 「업」「업장소멸」,「영혼과 전생이야기」「인과응보」「초능력과 영능력개발법」「최후의 해탈자」「사후의 세계」「심령의 세계」등 심령과학시리즈 20여종 저술(서음미디어 간행)

증보판 발행 : 2011년 5월 10일
발행처 : 서음출판사(미디어)
등 록 : No 7－0851호
서울시 동대문구 신설동 94－60
Tel (02) 2253－5292
Fax (02) 2253－5295

저 자 | 안 동 민
발행인 | 이 관 희
본문편집 | 은종기획
표지 일러스트
Juya printing & Design
홈페이지 www.seoeumbook.com